국궁논문집 12

온깍지궁사회 엮음

고두미

책머리에

『국궁논문집 12』를 내며

　전통에는 변하는 것과 변하지 않는 것이 있다. 나아가 변해도 되는 것과 변해서는 안 되는 것이 있다. 온깍지학회에서 눈여겨보는 것은 바로 이 '변해서는 안 되는 것'이다. 하지만, 우리 활은 지난 30여 년 동안 너무나 많은 변화를 겪었고, 그 소용돌이 속에서 절대로 변해서는 안 될 것들까지 함부로 변하는 험한 세월을 지나왔다.

　변해서는 안 될 것이 변한다면, 그것은 '전통'이라고 할 수 없다. 전통의 고갱이마저 시대에 따라 변한다면 그것을 굳이 전통이라고 할 필요도 없다. 전통이란, 세월이 흘러도 변해서는 안 되는 것에 붙는 이름이다. 우리의 전통 사법은, 아무리 개량궁이 득세해도, '각궁 사법'이고, 이어야 한다. 그러므로 '개량궁 사법론'이 '각궁 사법론'을 대체할 순 없다. 사풍도 마찬가지다.

　이렇게 변해서는 안 되는 것들이 고갱이가 되어, 변해도 되는 것과 함께 세월 따라 흘러가며, 사람 사이에서 살아있을 때, 전통은 제대로 된 값어치를 하게 된다. 그리고 이렇게 전통이 살아있도록 하는 주체는 당연히 활터의 한량들이다. 『국궁논문집』은 전통의 가치를 지금까지 이어온 대상들에 눈길을 두고 그것을 말글로 정리하고 논리화하는 일에 앞장서 왔다. 이 점은 제12집을 맞는 지금으로서도 자부심을 느끼는 바다.

　이번에도 많은 분이 논문집 출판에 도움을 주었다. 특히 온깍지학회 회원분들의 정성으로 어렵지 않게 책이 나올 수 있었음은, 아직도 우리 활의 정기가 살아있음을 보여주는 일이어서 생각할수록 뿌듯하다.

2021년 봄
온깍지학회 편집위원 김정래 박순선 정진명

국궁논문집 12
차례

제1부

정진명 | 국궁 터과녁의 변천 양상 고찰 ··· 9
류근원 | 『조선의 궁술』과 거리가 먼 활쏘기 방식 ··························· 38
권성옥 | 한국 활쏘기의 현실과 방향 ·· 43
이승환 | 활쏘기의 유네스코 인류 무형유산 대표목록 등재에 관하여 ····· 52
정진명 | 근대 국궁사 시대 구분론 ·· 60
김소라 | 2018 우크라이나 전통 활쏘기 대회 참가기 ······················· 73
김기훈 | 왕양명의 「관덕정기」 소개 및 번역 ································ 82
안현호 | 사말 안현호의 온깍지 입문기 ······································· 91

제2부

조선궁도회 정관 ·· 103
1933년도 제1회 정기결산서 ·· 106
조선체육회 규칙 ·· 111
1937년도 결산보고서 ·· 114
1938년도 수지결산서 ·· 116
1939년도 사업보고서 ·· 119
1939년도 조선궁도회 수지결산보고서 ······································ 122

부록 : 국궁논문집(1~11) 총 목차

제1부

국궁 터과녁의 변천 양상 고찰

정 진 명 (온깍지활쏘기학교 교두)

한글 초록

근대화가 시작된 지난 120년 동안 활터는 많은 변화를 입었다. 그 중에서도 그런 변화를 잘 보여주는 대상이 터과녁이다. 터과녁의 변화는 크게 3가지 면에서 살펴볼 수 있다. 모습, 크기, 거리가 그것이다.

첫 번째 모습의 변화는 다음과 같다. 원래 현재의 터과녁은 조선시대 무과 과목인 유엽전을 계승한 것으로, 하얀 바탕을 가로세로 3등분하여 분할된 9개 면 중에서 한 복판을 검게 칠한 모습이다. 그렇지만 과녁이 둘 놓이자 이 둘을 구별하려고 검정 관 위에 한자로 一 二로 써넣은 데서 알관 위에 일자를 그렸고 그것이 도안으로 정착했다. 과녁이 커지면서 관이 중심점 노릇을 못하자 홍심을 넣어 그 기능을 보충함으로써 현재의 과녁 모양이 되었다.

두 번째 크기의 변화는 다음과 같다. 원래 유엽전의 과녁 크기는 가로 4.6자(141.68cm) 세로 6.6자(203.28cm)였다. 이것이 점차 커져서 가로 6.6자(199.98cm) 세로 8.8자(266.64cm)가 되었다.

세 번째 거리의 변화는 다음과 같다. 유엽전의 과녁 거리는 원래 120보(149.446.m)였는데, 1963년 147미터를 거쳐서 1969년에 145미터로 확정된다. 이런 변화는 조선의 자가 아닌 일본의 자 길이로 척관법을 미터법으로 환산하는 과정에서 생긴 오류이다.

이밖에도 옛날 과녁 그림에 나타난 둥근 모양과 괘는 주역의 관념에서 나온 것으로 방향을 나타내기 위해 취한 방법이다. 과녁이 놓인 무겁의 변화도 생겼는데, 처음에 하나였던 과녁이 1962년에 2개를 놓는 것을 시작으로, 현재는 3개가 기본이고, 그보다 더 많은 과녁을 놓은 활터들이 생기는 중이다.

국궁 터과녁의 변천은 한국 전통무예 활쏘기의 시대별 변화 양상을 그대로 반영하였다.

1. 머리말

한국의 활쏘기는 오랜 역사를 지닌 채 이어져왔고, 그 과정에서 시대에 따라 혹은 상황에 따라 수많은 변화를 겪어왔다. 그런 변화 중에서 또렷하게 확인할 수 있는 대상이 과녁이다. 한국의 활쏘기가 오랜 역사를 거치면서 다양한 모습으로 분화해왔고 그 다양성은 과녁에도 그대로 반영되었다.

하지만 이런 변화 양상은 제대로 연구되거나 보고된 적이 거의 없다. 정확한 까닭은 알 수 없으나 활쏘기가 단순한 스포츠로 인식되기 시작하면서, 한국의 전통 사회에서 활쏘기가 차지한 내력은 잊히고, 그 결과 극소수의 동호인들만이 즐기는 취미 활동의 영역으로 좁아든 것이 근본 원인이다. 게다가 한국의 활쏘기 국궁은 양궁과 달리 국제대회가 없고 우리나라에만 존재하는 스포츠여서 대중이나 정부의 관심으로부터 멀어진 까닭이기도 하다.

그러나 한국의 활터는 전통 문화의 핵심 영역을 차지한다. 활터라는 공간도 그렇지만, 그 안에서 벌어지는 행위와 관련된 여러 의식절차나 예절이 전통 사회의 가치를 충분히 보존하고 있는 까닭에 한국의 정체성을 대표하는 전통문화로서 충분한 가치가 있다.

이 글에서는 활터에 놓인 터과녁의 변천 양상을 일목요연하게 정리함으로써 전통 활쏘기의 성격을 이해하는 데 디딤돌을 놓고자 한다.

2. 현재의 터과녁

'터과녁'은 활터에서 쓰는 붙박이 과녁을 말한다. 현재의 터과녁은 크기가 6.6×8.8자로 규정되었고, 재질은 보통 육송이며, 겉면에 고무판을 대어 화살이 박히는 것을 방지한다. 아울러 뒤쪽으로 15도 정도 기울여 세웠으며, 겉에는 동그라미에 빨강을 칠한 한복판의 홍심과 그 홍심의 배경으로 그려 넣은 검정 알관(-貫), 그리고 그 위에 흔히 '눈썹'이라고 부르는 일자가 검정으로 그려졌다.[1]

활터의 터과녁이 이런 모습을 갖추는 데는 근대사의 전개 과정에서 급격한 사회변화가 배경으로 깔려있다. 문제는 이러한 과정을 주관한 단체가 대한궁도협회인데, 그런 변화 과

---

1) 『한국의 궁도』, 대한궁도협회, 1986. 168쪽. 궁도표적공인규격.

정에 대한 기록이 전무하여 현재의 과녁이 그렇게 된 정확한 이유와 과정이 분명치 않다는 것이다.

현재의 터과녁에 대한 모든 것은 대한궁도협회의 대회 규정에 따른 것이다. 그렇지만 그 전의 변화과정과 이력에 대한 설명은 없다. 게다가 이에 대한 연구도 부실하여 국궁입문서로 1999년에 출판된 『한국의 활쏘기』가 그나마 참고할 만한 정도이다.[2)]

터과녁은, 전통 활쏘기가 겪은 시대 변화 때문에 자연스럽게 발생하였다. 조선 시대에는 과녁이 아주 다양했다. 의식과 제도에 따라서 많은 과녁이 있었고, 또 활이나 화살의 종류에 따라 다양한 과녁이 존재했다.[3)] 현재의 터과녁은 조선 시대 무과의 한 과목으로, 유엽전의 전통을 이은 것이다.[4)] 이것은 무기로서 존재하던 활을 스포츠로 전환하면서 생긴 일이다. 활이 무기에서 스포츠로 전환하는 과정은 1928년 조선궁술연구회의 출범으로 완성된다. 근대사에서 활쏘기를 스포츠로 인식하여 장려하기로 출범한 단체이고 그 이전의 시도와 달리 이 단체는 전국조직으로 확대되어 현재에 이른다.[5)]

이 단체에서 처음으로 터과녁에 대한 규정을 확정했고, 그것은 조선 시대 유엽전의 전통을 잇는다는 것이었다. 조선 시대 유엽전의 과녁이, 현재 터과녁의 원래 모습이다. 이것이 시대에 따라 조금씩 변하여 앞서 설명한 현재의 과녁에 이르렀다.

과녁에 관한 정보가 정확하기 위해서는 3가지 문제가 해결되어야 한다. '모습', '크기' '거리'가 그것이다. 이 세 가지가 모두 세월의 흐름에 따라서 변화를 겪었기 때문이다.

3. 터과녁의 '모습' 검토

1) 무과 유엽전 과녁

터과녁의 첫 번째 모습은 조선 시대 무과 과녁의 한 과목이던 유엽전의 과녁이다. 유엽전 과녁은 가로 4.6자에 세로 6.6자 크기이고, 가운데 검정 네모 관이 그려졌다. 『조선의 궁술』에 이 과녁 그림이 정확히 반영되었다. 다만 알관이 중앙에서 약간 아래쪽으로 더 내려온 자리에 그려졌다. 이렇게 위쪽 여백이 더 큰 것은, 관여 여럿일 경우 각 과녁을 구별하기 위하여 알관 위에 검정빛으로 숫자를 차례대로 써넣은 까닭이었다. 『탐라순력도』의 「제주전최」라는 그림을 보면

---

2) 정진명, 『한국의 활쏘기』, 학민사, 1999.
3) 이중화, 『조선의 궁술』, 조선궁술연구회, 1929. 궁시의 종류.
4) 앞의 책 37쪽.
5) 조선궁도회 잡서류철(성문영 공 유품).

그 숫자를 또렷이 볼 수 있다.[6]

조선시대의 무과 규정을 보면 이 알관은 과녁을 가로세로 3등분(三分其廣)하면 과녁은 아홉으로 나뉘는데, 그 중에서 가운데 부분을 검게 칠한 것이다. 이는 정전법(井田法)의 분할 방법과 동일하다. 즉 '囲' 글자의 모양으로 네모를 등분하여 9개의 공간으로 고르게 나누는 것이다. 이렇게 하면 검정 알관은 과녁의 한 복판에 오게 되지만, 여러 개를 놓을 경우 과녁을 구별하기 위하여 위쪽에 글씨를 넣다 보니, 글씨 넣을 공간을 확보하기 위하여 알관을 약간 아래로 내린 것이다.

2) 1948년과 1958년의 과녁

이 과녁의 모습이 변화를 입은 것은 1958년의 일이다. 한국의 활쏘기는 일제강점기 막바지 3~4년을 빼고는 전국에 걸쳐 왕성하게 전국대회가 열렸는데, 이것이 위기를 맞은 때가 한국전쟁(6.25)과 그 직후 몇 년이었다. 당시 활쏘기는 상류사회의 풍속이었는데, 전후 복구의 어려운 상황에서 한량놀음이라는 비난의 우려가 있어 스스로 자제하는 분위기였다. 그러다가 전후 복구가 어느 정도 성과를 보이자 사회 각 분야에서 다양한 활동이 재개되었는데, 그 영향은 활쏘기에도 미친다. 즉 1958년에 한국일보가 후원하여 제1회 전국 남녀 활쏘기 대회가 서울 황학정에서 열린다.[7]

1948년 과녁   1958년 과녁

---

6) 이형상, 『탐라순력도』, 제주시, 2000. '제주전최'
7) 김집, 『황학정100년사』, 황학정, 2000. 150쪽

이 대회가 치러지는 황학정은 크게 변화를 입는다. 무겁에 흙을 쌓아서 지독한 숫터인 황학정의 악조건을 조금 개선하는 한편, 과녁을 새롭게 색칠한다. 이 변화의 전후를 당시 황학정 사원이던 성낙인이 카메라에 담았고, 그 사진에 나타나는 전후 과녁을 살펴보면 과녁이 어떻게 변하였는지 또렷하게 볼 수 있다.[8]

이때의 과녁은 『조선의 궁술』에 나타난 모습과 많이 달라진다. 『조선의 궁술』에는 없던 一자가 관 위에 생겼고, 검정 관의 크기가 눈에 띄게 커졌으며, 관 안에 동그라미가 들어갔다. 이럼으로써 전체의 모양은 현재의 과녁과 비슷해졌다.

과녁 속의 동그라미는 과녁의 크기 변화와도 맞물린 현상이다. 원래 과녁은 정전법의 방식대로 네모를 가로세로 3등분하여 생긴 9개의 공간 중에서 가운데 부분에만 검정 칠을 한 결과로 나타난 것이고, 그것은 활쏘기에서 만작을 하여 화살로 과녁을 겨누었을 때 조준점 노릇을 한다. 그러나 과녁이 커지면 커진 그 만큼의 비율로 관도 커지기 마련이다. 게다가 옛날에는 점수를 관과 변을 맞힐 때 구별을 하여 관을 맞히면 추가로 점수를 더 주었기 때문에 관에 대한 집착이 생기기 마련이고, 그 결과 점수를 높이기 위하여 관을 점차 크게 그리는 결과를 유도하였다. 마침내 관이 전체의 9개 중 복판에 머물지 않고, 가장자리 흰 띠를 보여주는 배경으로 물러나기까지 하였다. 이렇게 되면 관이 관 노릇, 즉 만작 시 조준점 노릇을 하지 못하게 된다. 따라서 만작 시 조준점 노릇을 하는 또 다른 것이 필요하고 그 필요에 부응한 것이 동그라미를 그려 넣는 것이다.[9]

동그라미를 그려 넣은 이유에 대해 추적할 차례이다. 과녁에 빨강 동그라미가 들어간 이유에 대해서는 활터에 오래도록 전해오는 이야기가 있다. 즉 '한 가지 동(同) 자 기원설'인데, 일제강점기에 한량들이 단합하여 일제에 대항하기 위하여 과녁 전체의 모양을 同자 모양으르 그렸고, 또 반일 의식을 고취하기 위하여 일장기를 과녁에 넣고 쏘았다는 것이다.[10] 하지만 이는 실제 사실과는 무관한 낭설에 지나지 않는다.[11]

同자 설은, 앞서 무과 과녁에서 비롯된 검정 관과 숫자에서 과녁의 모양에 결정되었다는 점으로 충분히 밝혀졌고, 만약에 위의 설화가 사실이라면 이 동 자 관념은 과녁에 동그라미가 처음으로 들어간 1958년 이후에 생겼다고 봐야 하는데, 그때는 이미 일본제국주의가 패망하여 물러간 후이다. 그러므로 이래저래 이 설화는 근거 없는 낭설에 불과함을 알 수 있다.

오히려 이 동그라미는 양궁의 영향으로 보는 것이 더욱 이치에 맞는다. 즉 일제강점기에는

---

8) 정진명, '1958년 필름 사진으로 본 황학정', 『활쏘기의 어제와 오늘』, 181쪽.
9) 정진명, 『한국의 활쏘기』, 개정증보판, 학민사, 1999. 58쪽.
10) 『황학정100년사』 쪽. 또 이 책에는 반공사상이 입각해서 붉은 동그라미를 넣었다는 주장도 있는데, 이는 저자 김집 개인의 체험과 생각을 반영한 것으로 논구할 가치가 없다.
11) 『한국의 활쏘기』 60~61쪽.

올림픽 대회가 꾸준히 열렸고, 세계의 각 제국들도 자국의 명예를 높이기 위하여 열광하듯이 올림픽에 참여했다. 일본제국주의도 올림픽에 적극 참여했으며, 각종 포스터와 홍보물이 신문을 통해 시시각각으로 전국에 파급되었다. 이 과정에서 양궁의 과녁 모양은 우리에게 친숙한 이미지가 되었고, 그것이 저절로 1958년의 과녁 개정 때 들어간 것이라고 봐야 한다.12)

또 한 가지 가능성은 인간의 인식이 갖는 편향성이다. 한량이 과녁에 집중하면 그 집중성의 총화가 동그라미로 구현된다. 의식을 집중시키는 가장 좋은 모양이 동그라미이다. 실제로 유엽전 과녁에서 네모이던 관이 의미를 잃자, 동그란 모양으로 그려지기도 한다. 옛날의 연무대 과녁을 보면 이 점 또렷이 드러난다. 1920년대의 수원 연무대 과녁은 무과 과녁과 똑같다. 하지만 1963년의 연무대 과녁을 보면 관이 네모가 아니라 동그라미로 그려졌다.13)

1920년대 연무대 과녁 　　　　　1963년 과녁

이것은, 무과의 전통을 강하게 지켜온 서울 황학정의 경우 옛날식으로 관이 네모였지만, 지방으로 가면서 이미 그런 의식이 희미해져 관이 조준점 기능만을 강조하는 쪽으로 변화되었음을 의미한다. 즉 관에 네모든 동그라미든 상관이 없게 된 것이다. 이런 현상은 1933년에 출범한 <호남칠정궁술경기회>의 깃발에서도 그대로 드러난다.14) 오히려 이 깃발에는 양궁의 점수제 모양이 또렷하게 드러난다. 앞서 설명한 올림픽의 영향을 이런 문양에서 볼 수 있다.

결국 1958년 서울 황학정에서 대회를 치르기 위해 재정비한 과녁에서 볼 수 있는 동그라미는,

---

12) 『활쏘기 왜 하는가』 220쪽.
13) 연무정사편찬위원회, 『연무정기』, 수원 연무정, 2013. 62쪽.
14) 디지털 국궁신문 기사(2014-07-14). 본래 이름 찾은 호남칠정궁술경기회.

원래의 무과과녁에서 볼 수 있는 관이 세월과 함께 커져 조준점 노릇을 제대로 하지 못하면서 그 노릇을 대행할 어떤 것으로서 그려 넣게 된 결과이고 그것이 동그라미였음을 알 수 있다.

3) 옛 과녁과 터과녁의 관계 검토

여기서 자칫 판단을 잘못할 수 있는 사안이 하나 있다. 옛 과녁에 나타난 모양이다. 1958년에 처음 나타난 과녁 속의 동그라미를 닮은 옛 과녁에 몇 가지 있다. 첫 번째로 김홍도의 <북일영>이라는 그림이다. 그 그림 속에는 헝겊 과녁인 솔포가 나오는데, 거기에도 동그라미가 그려진 모양이다. 다만 그 위에 리괘(☲)가 있어서 무과 과녁과는 모양이 조금 다르다.

두 번째로 김형상 목사가 제주의 풍물을 그림으로 그린 『탐라순력도』 속의 헝겊 과녁 모양이다. 이 과녁은 터과녁이 아니라 헝겊으로 만든 커다란 과녁이다. 거기에는 지금의 과녁 모양과 비슷한 양상으로, 검정 관 안에 흰 동그라미가 들어있고, 그 위에 ☰가 그려졌다. 언뜻 보면 이것이 현재의 과녁으로 들어온 것처럼 보인다.

 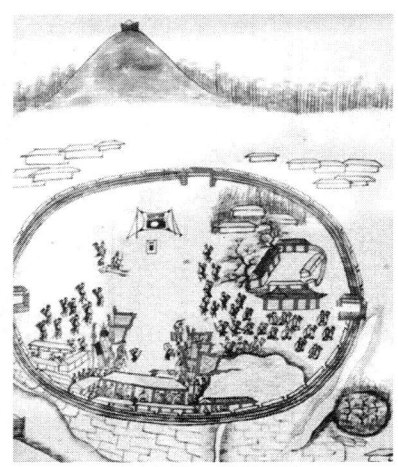

김홍도 북일영 부분   탐라순력도 명월시사

그러나 이것은 현재의 터과녁과는 아무런 상관이 없는 그림이다. 과녁에 괘를 집어넣은 것은 조선 시대가 성리학에 경도된 시대이고, 당시 사람들이 성리학의 이념에 워낙 친숙하여 그것이 일상생활 속으로 파고든 결과이다.

옛 솔포 속의 동그라미(○)는 태극(☯)을 나타낸다.15) 음과 양이 갈마드는 양상을 표현할 때는 ☯이나 ☯처럼 동그라미가 반으로 갈라진 것을 쓴다. 이것은 해가 동지와 하지를 오갈 때 그림자의 길이가 달라진 것을 그림으로 나타낸 것에서 온 부호이다.16) 이 갈라진 모습을 한자로 표현할 때 궁궁을을(弓弓乙乙)이 되는데, 동학 혁명 때 동학도들이 이 글자를 써서 몸에 붙이고 다닌 것도 태극을 문자로 나타난 것이었다. 음양의 나뉨을 나타내지 않고 단순히 태극만을 뜻하는 표시를 할 때는 그냥 동그라미(○)로 표시하거나 동그라미 안에 점이 찍힌 것(⊙)으로 표현한다.17) 옛 솔포에 나타난 동그라미는 이 태극을 상징하면서 동시에 조준점 노릇을 하는 부호이다. 그렇기에 그 위, 또는 아래에 괘 표시를 한 것이다.

과녁에 괘 표시를 한 것은 2가지 사례를 볼 수 있다. 김홍도의 <북일영> 그림과 김형상의 『탐라순력도』이다. 김홍도의 그림에는 양각으로 그려졌고, 탐라순력도 그림에는 음각으로 그려졌다. 즉 북일영 그림에는 흰 바탕의 과녁에 동그라미를 그렸고, 탐라순력도에서는 동그라미의 바탕을 검게 칠하여 동그라미가 하얗게 드러나도록 그렸다. 둘 다 태극(○)을 뜻하는 동그라미이다.

옛 솔포에 나타나는 괘는 상하좌우를 뜻한다. 옛날에는 방위를 표시하는 방법이 여러 가지였다. 방향을 직접 문자로 쓰는 방법도 있고, 그림으로 나타내는 방법도 있다. 그림으로 나타내는 방법 중에는 가장 많이 쓰인 것이 8괘 표시였다. 다음의 도설을 보자.

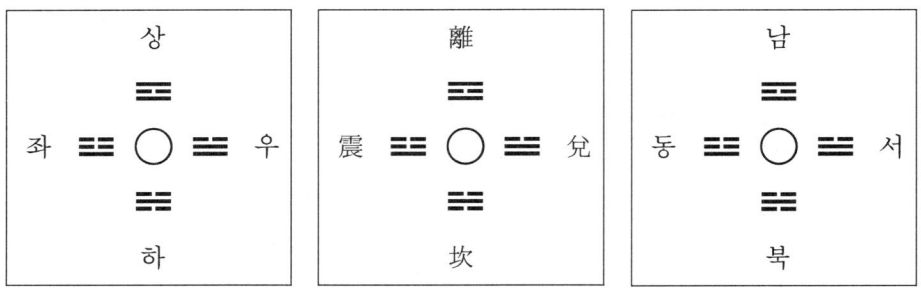

조선시대는 성리학이 지배한 세계였고, 성리학은 이기철학을 기반으로 하지만, 일상생활 속에는 음양오행 철학이 뒷받침했다. 오행 철학에서 방위와 위치는 같은 개념으로 정리된다. 즉 동서남북 4방위와, 전후좌우 4위치는 똑같이 배치된다. 그 중심이 되는 것은 물론 사람인 나 자신이다. 위의 그림은 이와 같이 배치한 것이다.

---

15) 한규성, 『역학원리강화』, 동방문화, 1993. 72쪽.
16) 정진명, 『우리 침뜸의 원리와 응용』, 학민사, 2011. 18쪽.
17) 이천, 『의학입문』(진주표 역), 법인문화사, 2009. 93~95쪽

그런데 이런 표현을 직접 글로 나타낸 경우도 있지만, 8괘로 표시한 경우도 있다. 8괘로 나타낼 때는 위 도설의 가운데처럼 표시한다. 과녁의 경우 내가 마주보는 대상이기 때문에 중심을 기준으로 놓는다면 위에는 리괘가 놓이고 아래에는 감괘가 놓인다. 이것은 후천팔괘의 배치도에 따른 관념이다.

8괘의 배치방식은 선천과 후천이 있다. 선천 8괘는 하도에서 나온 것이고, 후천 8괘는 낙서에서 나온 것이다.18) 각기 복희와 문왕이 그린 괘도라고 전한다. 그래서 각기 복희8괘와 문왕 8괘도라고 한다.

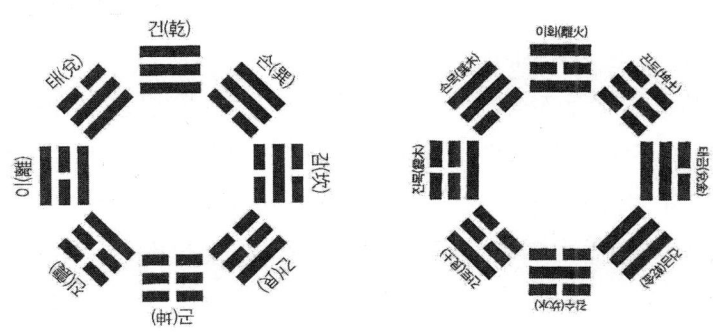

선천8괘와 후천8괘

이 도설을 보면 후천 8괘에서 방위가 표시된 것을 볼 수 있다. 솔포는 지게에 지고 다니는 '지게관'과 달리 언제든지 접어서 들고 다닐 수 있기 때문에 펼칠 때 기준이 필요하게 된다. 그래서 위쪽으로 위를 나타내는 부호를 넣은 것이고, 그런 부호 중에서 방위를 잘 나타내는 후천 8괘의 괘 하나를 고른 것이다. 그것이 리괘(☲)이다. 보통은 리괘를 한 표시하지만, 상황에 따라 위아래를 동시에 표시할 수도 있다. 그럴 때는 밑에 감괘(☵)를 더 넣으면 된다. 실제로 그렇게 그려 넣은 과녁도 있다. <태극봉사도>가 그것이다.19)

따라서 조선시대의 과녁에 나타나는 괘는, 그 시대의 관념에 맞는 방위를 표현한 것이다. 이것은 오행 관념이 뚜렷했던 조선시대의 특성에서 온 것이다.

괘가 그려진 과녁에서 괘 밑에는 동그라미가 그려지는데, 그것은 태극을 상징하는 문양이다. 1958년 서울 황학정의 터과녁에 처음으로 나타난 동그라미와는 관련이 없다. 해방 후의 과녁에

---

18) 『주역 정의』; 『음양오행으로 가는 길』 306쪽.
19) 디지털 국궁신문 기사(2017-08-31), '과녁과 주역'. 봉사도(奉使圖)는 영조 1년(1725) 중국사신 아극돈(阿克敦, 1685~1756)이 조선에 다녀가면서 각종 행사 절차 및 풍속, 풍경을 담아 그린 20장짜리 화첩이며, 현재 중국 베이징의 중앙민족대학에서 소장하고 있다.

동그라미가 들어간 것은 낡은 시대로 치부되던 조선시대의 관념이 아니라 새로운 조준점을 필요로 하던 당시 상황이 반영된 것이었다. 그것이 하필 동그라미였던 것은, 오히려 양궁의 이미지와 더욱 관련이 있을 것으로 판단된다.[20]

태극봉사도

4. 터과녁의 '크기' 검토

국궁 터과녁은 『조선의 궁술』에서 언급한 대로 조선궁술연구회의 1928년 지침에 따라 유엽전의 과녁을 이어받은 것이다. 유엽전의 과녁은 가로가 4.6자이고, 세로가 6.6자이다. 이것이 1948년에 6자×8자로 좀 더 커지고, 1963년에 6.6×8.8자로 더 커져 현재에 이른다. 현재 6.6×8.8자를 미터법으로 환산하여 쓴다. 그런데 이때 적용한 자가 일본의 척관법에 따른 30.3cm이다. 이를 각기 적용하면 가로가 199.98cm이며, 세로는 266.64cm이다.

그렇다면 『조선의 궁술』에서 쓰기로 한 조선시대 무과 과녁의 크기는 어떻게 환산해야 할까? 하는 숙제가 남는다. 만약에 무과 과녁의 크기를 미터법으로 환산할 때도 일본의 자를 적용시켜야 할까? 이런 전제는 조선과 일본의 자가 같을 것이라는 점을 전제로 한다. 그러나 근래에 들어 발견된 영조 때의 구리자를 엄밀히 측정한 결과, 일본의 자와는 다른 것으로 밝혀졌다.[21] 자기공명법에 따라 계산된 조선시대의 영조척 1자 길이는 약 30.8cm였다. 따라서 이 자로 무과 과녁을 환산하면 가로는 141.68cm이고, 세로는 203.28cm이다.

과녁의 크기에 대한 고증은 수많은 구사들이 한결같이 지적한 바다. 가장 정확한 지적은 인천 연무정의 안석흥 고문이었다. 현재의 과녁과 비교하면 현재 과녁의 가장자리 흰 테두리를 없앤 크기와 비슷하다고 말했다.[22]

과녁의 크기는 이렇게 3차례에 걸쳐 변화를 입었다. 처음 4.6×6.6자이던 것이, 6×8자를 거쳐서, 6.6×8.8자에 이르렀다. 이렇게 변화를 거친 이유는 무엇일까? 이에 대한 연구나 고증 역사 찾아볼 수 없다. 최근 들어서 그에 대한 견해가 한 가지 나왔을 뿐이었다.

과녁이 이렇게 점차 커진 것은 획창 문화 때문이다.[23] 획창은 관중했을 때 뒤에서 소리기생이

---

20) 정진명, 『활쏘기 왜 하는가』, 고두미, 2018. 220쪽.
21) 『조선시대 표준 자』, 문화재청, 1997.
22) 『이야기 활 풍속사』 122쪽.; 안석흥 대담(1977.11.11.)
23) 정진명 엮음, 『온깍지 활 공부』, 고두미, 2018. 65쪽.

창을 붙이는 것을 말한다. 옛날에는 활터마다 거의가 행해지던 것이었지만, 현재는 인천 전통편사24)와 온깍지 편사에서만 볼 수 있다.25)

편사에서는 연3중부터 지화자가 붙는다. 연4중에는 겹지화자가 붙고, 연5중 몰기에는 세겹 지화자가 붙는다.26) 따라서 많이 맞힐수록 더욱 신나는 소리가 따라붙기 마련이다. 시수가 안 나면 이런 소리를 들을 수 없다. 그런데 현재의 과녁보다 사방이 1자(30여cm)씩 줄어든 작은 과녁을 놓고서 쏜다고 생각해보자. 연3중은 결코 쉽지 않은 일이다. 요즘의 큰 과녁도 몰기를 하려면 만만찮다. 그러다보니 흥을 좀 더 돋우기 위한 방편을 생각해낸다. 그것이 과녁을 조금 더 키워서 명중률을 더 높이는 것이다. 이런 심리 때문에 무과가 폐지된 뒤 과녁은 점차 커지게 된 것이다.

지화자 소리를 더 듣기 위해서 만들어낸 방편은 이뿐만이 아니다. 5시 중 마지막 한 시는 한량이 더욱 귀중히 여겨서 무조건 세겹 지화자를 붙였다. 그래서 5시 중 막시를 '한량대', 드는 '지화자대'라고 한다.27)

5. 터과녁의 '거리' 검토

터과녁의 거리는 현재 145미터이다. 이 거리도 아직 수많은 의문에 싸인 채 제대로 연구된 적이 없다.

현재의 활쏘기는 조선 시대 무과의 유엽전을 이어받은 것이므로, 당연히 거리도 무과 유엽전의 거리를 기준으로 해야 한다. 거리에 대한 규정도 크기와 마찬가지로 3차례에 걸쳐 바뀐다. 조선시대의 무과 과녁인 120보28)에서 1963년에는 147.50m로 바뀌고29), 1969년에 145미터로 바뀌어 현재에 이른다. 이것은 대한궁도협회의 규정에 따른 것인데, 대한궁도협회의 어느 문건에도 이에 대한 변천 사유와 원인에 대해 설명한 것이 없다.

그렇다면 먼저 최근의 거리인 145미터는 어떻게 나온 것일까? 이것은 120보라는 조선시대 무과의 규정에 일본 자 영조척 30.3cm를 곱한 것이다. 1보는 주척으로 6척이고, 일본의 주척

---

24) 박순선, 2019 인천전통편사 기해년 보고서, 도서출판 나눔터, 2020. ; 박순선, '인천전통편사의 실제와 계승 방안', 『국궁논문집11』, 온깍지학회, 2019.
25) 정진명, '한량 놀음 계승 방안', 『활쏘기의 어제와 오늘』 269~287쪽. ; '개성편사 시행 방안', 『온깍지 활 공부』 139~147쪽.
26) '편사의 유규', 『조선의 궁술』
27) 『한국의 활쏘기』 508쪽.
28) 심승구, '조선시대 무과에 나타난 궁술과 그 특성', 『학예지』 제7집, 육군박물관, 2000. 86쪽. 『속대전』; 『무과총요』
29) 『한국의 궁도』 158쪽.

1척은 미터법으로 환산하면 19.998cm이다. 따라서 120보는 19.998cm에 6을 곱하고, 다시 120을 곱하면 얻을 수 있다. 1436.985cm가 나온다. 여기서 반올림하여 144m로 하였는데,[30] 현재의 과녁거리 145미터와는 1미터가 차이 난다. 이것은 과녁거리를 80칸으로 계산하던 버릇에서 온 것인데, 이 칸의 거리도 일본과 조선의 길이가 다르다는 것을 무시하고 일본의 80칸 거리로 정하다 보니 나온 숫자이다. 일본 자 1칸은 1.818m인데, 여기에 80을 곱하면 145.44m가 된다. 여기서 0.44를 잘라버리고 145로 셈한 것이다.[31]

　이상에서 보듯이 조선 시대의 자와 일본의 자가 다르다는 사실을 몰랐거나 간편한 생각으로 단순히 적용시켜 얻은 거리가 현재의 과녁거리 145미터이다. 이것은 해방 전에 집궁한 구사들의 기억과는 상당히 다르다. 해방 전에 집궁한 구사들은 이구동성으로 현재의 과녁 거리보다 더 멀었다고 말한다. 그리고 심지어 150미터였다고 딱 꼬집어 말하는 구사들도 적지 않았다.[32]

　조선 시대 무과 유엽전의 거리는 120보였고, 영조척 1척의 길이는 미터법으로 30.8cm였다. 1보는 주척으로 6척이므로, 주척 1척의 길이를 알아야 이 문제가 풀린다. 조선 시대 주척과 영조척의 비율은 1:0.674였다.[33] 이에 따라 셈을 해보면 조선의 주척 1척은 20.759cm가 나온다. 여기에 6을 곱하고 다시 120을 곱하면 조선 시대 무과의 과녁 거리가 나온다. 149.446.m이다. 해방 전에 집궁한 구사들이 150미터였다고 주장한 거리와 거의 비슷하다.

　1963년의 규정인 147.50m 과녁 거리는 도대체 어디서 나온 것일까? 오랜 세월 이 의문이 풀리지 않아 끝내 풀지 못할 숙제로 남을 뻔했는데, 의외로 단순한 곳에서 답이 나왔다. 즉 조선 주척 1척의 길이를 조선 영조척 1척의 길이인 30.8cm에서 환산한 것처럼, 일본 영조척 30.3cm를 그 비율로 환산하여 주척 1척의 길이를 구하니 정확한 답이 나왔다. 즉, 1:0.674에 일본 자 30.3cm를 적용시켜 일본 주척의 길이를 구하면 20.422cm가 나오고 여기에 6과 120을 각기 곱하면 정확히 147.039m가 나온다. 1963년의 규정인 147.50m 과녁 거리는 이렇게 하여 나온 것이었다.[34]

　이상을 살펴보면 과녁 거리는 대한궁도협회 자료에서도 144m와 145m가 있어 혼란스럽다. 현재는 145미터로 공식화되었지만, 그 과정에서 겪은 혼란을 살펴보면 과녁 거리는 아직도 일본 제국주의의 그늘을 벗어나지 못했다는 뼈아픈 사실을 확인하게 된다. 국궁계에서 일제강점기의 자취를 청산하려면 이 점을 분명히 자각할 필요가 있다. 최근에 활쏘기 용어를 두고 궁도에

---

30) 활터에 가면 흔히 볼 수 있는 '활과 화살 명칭' 그림이 있다. 대부분 액자로 만들어 벽에 걸어놓고 참고한다. 대한궁도협회에서 공식 제작하여 보급한 것이다. 여기에 과녁거리가 144미터라고 나온다. 신사들이 바라보며 한 번쯤 고개를 갸우뚱거리는 그림이다.
31) 『온깍지 활 공부』 67쪽.
32) 『한국의 활쏘기』 36쪽.
33) 『경국대전』 공전 도량형.
34) 『온깍지 활 공부』 66쪽

서 궁술로 바꾸려는 시도들도 있지만,[35] 좀 더 깊이 들여다보면 곳곳에서 일본 제국주의의 어두운 그림자를 마주치게 된다는 점에서 전통의 내면을 좀 더 들여다보고 고민해야 올바른 길을 찾을 수 있을 것으로 보인다.

6. 과녁 세우는 법

오늘날의 국궁 터과녁은 땅바닥에 세워놓는다. 수직으로 세우면 약한 바람에도 앞으로 넘어지기 때문에 이를 방지하기 위하여 15도 뒤로 기울여놓는다는 것이 원칙이다.[36] 그렇지만 왜 하필 15도이며, 말뚝을 박아서 고정 시키는 방법도 있는데, 굳이 뒤로 기울여 놓는지에 대해서는 아직 거론한 학자나 사람이 없다. 게다가 이런 의문은 옛날의 과녁이 다양했고, 그 과녁들을 세우는 방법과 비교해보면 더욱 커진다.

1) 관응점

터과녁을 세우는 방법과 관련하여 한 가지 암시가 되는 내용이 있다. 즉 과녁이 맞았는지 아니면 불인지를 판정하는 방법이다. 조선궁도회에서는 목성시행을 원칙을 했다.[37] 즉 화살이 과녁에 맞을 때 소리가 나는데, 그 소리가 있으면 맞는 것으로 간주하는 것이다. 심판이나 고전을 보다 보면 판단하기 참 까다로운 경우가 있다. 예컨대 과녁 못 미쳐 화살이 떨어졌지만 미끄러져 땅바닥에 튕겨서 과녁을 때리는 경우가 그런 것이다. 이렇게 한 번 튀겨서 과녁에 맞는 것을 '점심살'이라고 하는데[38], 이럴 경우에도 역시 목성시행을 하되 과녁에 꽂히면 관중이고 꽂히지 않으면 불로 처리한다.

이런 상황은 과녁을 나무로 했을 때에 적절한 경우이다. 그런데 촉이 둥근촉으로 바뀐 후로는 이런 상황이 사라졌다. 즉 화살이 과녁에 맞고 튀어나온다. 따라서 이때는 과녁에서 튀어나간 화살이 어디에 떨어지느냐 하는 것에 따라 판정이 달라진다. 즉 협회의 규정에 의하면 과녁에 맞고 튄 화살이 사대 쪽으로 떨어지면 '관중'이고 그 뒤로 넘어가면 '불'이다. 이렇게 관중과 불을 나누는 기준선이 따로 있다.

언뜻 보면 사대로부터 145미터 거리에 놓인 과녁의 맨 아래쪽 선일 것 같은데, 협회 규정은

---

35) 국궁세계화협회가 대한궁술협회로 바뀐 것이 그렇고, 대회 명칭도 수원 화성과 종로 황학정에서 '궁도대회'를 버리고 '궁술대회'로 한 것이 그런 변화이다.
36) 『한국의 궁도』 168쪽.
37) 성낙인 대담 ; 『한국의 활쏘기』 488쪽.
38) 점심을 먹고 가듯이 쉬었다 갔다는 뜻이다.

그와 달라서 15도 뒤로 기운 과녁의 맨 위에서 추를 드리웠을 때 그 추가 땅에 닿는 지점이 관중과 불의 기준선이 된다.39) 이 기준선을 관응점(貫應點)이라고 한다.40) 관저선과 관응점은 다르다. 관응점이란 말을 아는 사람은 현재 극히 드물다. 이것은 나무 과녁에서 나온 것이 아니라 헝겊 과녁인 솔포에서 온 말이기 때문에 적어도 솔포가 많이 쓰였던 1960년대 이전에 집궁한 노사들이나 아는 말이다. 그렇다면 관응점이란 무엇인가?

이를 알기 위해서는 솔포에 대해 알아야 하고, 솔포를 세우는 방법에 대해 알아야 한다. 솔포는 헝겊으로 만든 과녁을 말한다. 『탐라순력도』를 비롯하여 옛 문헌이나 그림에 많이 나오는 과녁이다. 그런데 이 헝겊은 홀로 설 수가 없다. 그래서 나무로 기둥을 세워 묶어야 한다. 이 기둥을 '솔대'라고 한다. 『탐라순력도』의 배경이었던 제주도에는 '솔대왓'이라는 낱말까지 있다.41) '왓'은 '밭'의 음운변이로, 솔대왓은 어원은 '솔대밭'이고, 이것은 솔대를 세웠던 밭이라는 뜻이다. 즉 옛날에 솔대로 헝겊 과녁을 세우고 습사하던 곳이라는 뜻이다.

2) 터과녁 세우는 법

따라서 터과녁을 세우는 방법은 헝겊 과녁의 위쪽만 솔대에 고정시키고, 아래쪽은 땅바닥에 고정시키는 방법이다. 김홍도의 그림 <북일영>에 그 방식이 나온다. 그리고 이것은 무과과녁에도 해당한다. 그래서 일제강점기에 붙박이 과녁을 놓을 수 없는 곳에서는 이렇게 헝겊으로 과녁을 만들어서 이곳저곳 들고 다니며 아무 곳에나 솔포를 설치하고 활쏘기를 하였다. 이런 풍속은 인천을 비롯하여 서울을 에워싼 경기도 들녘에서 활쏘기하던 풍속이기도 하다. 경기도 지역은 서울의 인구를 먹여 살리는 곡창지대이기 때문에 농사철에는 바빠서 활을 쏠 수 없었다. 가을걷이가 끝나고 나서야 이듬해 농사가 시작되기 전까지, 말하자면 농한기에 활쏘기를 즐겼다. 그러다 보니 언제든지 설치하고 철거할 수 있는 헝겊과녁(솔포)가 가장 편했다.

이와 달리 나무로 된 과녁은 지게로 지고 다니며 논밭에 세워놓고 활쏘기를 했다. 이렇게 지게로 지고 다니는 과녁이라고 해서 '지게관'이라고 불렀다. 이 지게관이 바로 오늘날의 터과녁으로 변한 것이다. 지게관의 크기는 현재 과녁에서 사방의 흰 띠를 없앤 크기이고, 현재 과녁의 사방으로 한 자 이상 줄어든 크기였다는 안석흥의 고증은 이를 정확히 보여준다.42)

---

39) 『한국의 궁도』 168쪽.
40) 이규만(연기 관운정) 노사
41) 인터넷에서 검색을 하면 이 지명이 셋 나타난다. 서귀포시 서홍동, 표선면 세화리, 표선면 가시리 3곳에 같은 지명이 나온다.
42) 안석흥, '인천지역의 해방 전 활쏘기 풍속'. 『이야기 활 풍속사』 122쪽.

| 솔포와 솔대 | 뒤쪽에서 본 솔포 |

따라서 지게관에 해당하는 솔포는 기둥을 세운 다음에 위쪽을 솔대에 묶어서 고정시키고 아래는 따로 땅에 말뚝을 박아서 고정시킨다. 그러자면 솔대는 수직으로 세우고 솔포는 약간 앞쪽으로 당겨서 세우게 된다. 이렇게 하여 솔대와 솔포가 이루는 각도가 15도이다. 이 15도가 솔포가 아닌 나무 과녁으로 바뀐 뒤에도 판정 기준이 된 것이다.

실제로 솔포를 걸고 활쏘기를 해보면 왜 이런 현상이 일어났는지 명확해진다. 헝겊 과녁은 나무 과녁과 달리 화살에 뚫릴 때도 있고, 화살을 퉁겨낼 때도 있다. 화살이 과녁을 뚫을 때는 당연히 관중이지만, 그렇지 않고 솔포가 화살을 퉁겨내면 좀 복잡해진다. 화살이 솔포에 퉁겨서 떨어지는 것을 기준으로 판정할 수밖에 없다. 이때 솔포에 튕긴 화살촉이 어디에 닿느냐에 따라 판정이 달라진다. 즉 퉁긴 화살의 촉이 솔대를 넘어가느냐 그렇지 못하느냐에 따라 '관중'과 '불'이 갈린다. 오늘날 볼 수 있는 관중과 불 규정은 여기서 나온 것이다. 한국전쟁 이후 과녁이 나무로 바뀌고, 과녁에 박히지 않도록 촉을 네모 촉에서 둥근 촉으로 바꾸었다. 이 상황에서는 과녁에 맞고 튀어나오는 것이 관중이 된다. 튀기는 튀었는데, 촉이 이 기준선을 넘어가면 '불'로 간주한다. 정확히 과녁에 맞지 않기 때문에 발생한 사건이다.

현재 관중 여부를 판단하는 기준이, 과녁의 밑인 관저선이 아니라, 좀 더 뒤, 그러니까 과녁의 위 끝에서 추를 드리웠을 때 그 추가 땅에 닿는 두 점의 연결선, 즉 '관응점'인 까닭은 바로 솔포와 솔대에서 발생한 관습이 터과녁으로 그대로 옮겨온 결과이다.

목성시행과 관련하여 한 가지 더 관심을 주어야 할 것이 있다. 즉 '개구녁'이 그것이다. 요즘의 터과녁은 밑 부분을 땅바닥에 그대로 놓는다. 이렇게 하는 방법에는 큰 문제가 있다. 즉, 과녁은 육송으로 만들기 때문에 몇 해 못 가서 나무가 썩는다. 이를 막으려면 무엇으로 괴어놓아야 한다. 돌이나 쇠 같이 단단한 것으로 괴면 화살이 부딪혔을 때 촉이 잘 부러진다. 그래서 같은 나무로 과녁의 아래쪽을 괴었다. 양쪽과 중간에 나무를 괴었다. 이렇게 과녁 발을 만들어서 괴어놓으면 그 사이에 공간이 둘 생긴다. 과녁과 땅 사이의 이 빈 공간을 '개구녁'이라고 한다.

개가 드나드는 곳이라는 뜻이기보다는, 낮춤말에 잘 붙는 접두어 '개'가 '구멍'이라는 단순 명사에 붙은 것이다.

문제는 화살이 이 개구녁에 꽂혔을 때의 판정이 문제이다. 이때의 판정도 정해졌다. 즉 목성 시행의 원칙에 따라 판정한다. 개구녁에 화살이 박히면 소리가 나지 않는다. 그러므로 '불'로 처리한다. 반면에 과녁 발에 맞으면 소리가 난다. 그러므로 '관중'으로 처리한다.

3) 예사용 솔포 세우는 방법

헝겊 과녁을 솔대에 지지하여 세우는 방법은 2가지이다. 앞서 설명한 방법과 달리, 또 다른 방법이 있다. 과녁의 위와 아래를 다 솔대에 묶어서 솔대만 일으켜 고정시키는 방법이다. 이것은 『국조오례의』의 활쏘기 의례에 나오는 방법이다.

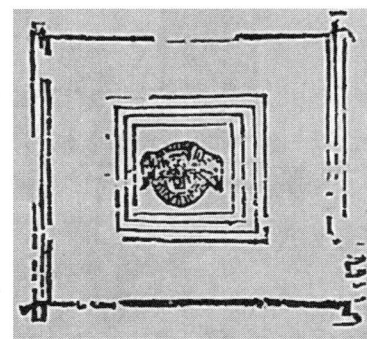 

국조오례의 곰과녁(熊帿)   국조오례의 사슴과녁(鹿帿)

위의 그림을 보면 양쪽에 기둥을 세우고, 기둥의 위에 헝겊과녁의 위를 묶고, 기둥의 아래에 헝겊과녁의 아래를 묶었다. 이렇게 묶은 다음 솔대를 세워서 끈으로 고정시키면 된다. 이 방법은 <태극봉사도>에서도 볼 수 있다. 무과 애기살[片箭] 과녁도 이렇게 고정시킨다.

태극봉사도   2017년 평택 들녘에 세운 애기살 솔포

7. 고전 보는 방법

무겁에는 관중 여부를 알려주는 사람이 있다. 이를 고전(告傳)이라고 한다. 이들이 연전도 해주기 때문에 연전동(揀箭童)이라고 한다. '동'이라고 하는 것은, 옛날에 전문 연전꾼을 둘 수 없던 가난한 활터에서는 동네 꼬마들을 시키고 학용품이나 과자 사먹으라고 푼돈으로 용돈을 주었기 때문이다. 1990년대 활량들 중에서도 어린 시절 이런 심부름을 한 인연으로 활을 배운 사람도 많고, 또 그런 증언을 하는 사람들도 심심찮게 볼 수 있다.

1) 고전과 깃발

요즘의 고전 방법은 주로 깃발을 사용한다. 설자리 쪽으로 서서 화살이 떨어지는 방향에 따라 깃발을 올려주는 것이다. 그러자면 화살 떨어지는 방향을 가리키는 활터 용어를 알아야 한다. 국궁은 오른손잡이와 외손잡이의 용어가 다르다. 활 잡은 사람의 주먹을 기준으로 손등 쪽이면 '뒤'라고 하고, 손바닥 쪽이면 앞이라고 한다. 오른손잡이가 과녁을 바라볼 때 과녁의 오른쪽으로 화살이 떨어지면 '앞났다.'고 하고, 왼쪽으로 떨어지면 '뒤났다.'고 한다. 오른손잡이가 과녁을 바라보는 것을 기준으로 하여 화살 떨어지는 자리를 정리하면 다음과 같다.[43]

    과녁의 왼쪽에 떨어짐 : 뒤났다.
    과녁 오른쪽에 떨어짐 : 앞났다.
    과녁에 못 미침 : 덜 갔다. 짧았다. 작았다. 코박았다.
    과녁을 넘어감 : 더 갔다. 길었다. 컸다. 넘었다.

이 중에서 가장 많이 쓰는 용어는 '앞났다, 뒤났다, 더 갔다, 덜 갔다.'이다. 이 상황을 무겁에 선 사람이 설자리를 향해 깃발로 알려줄 때는 어떻게 해야 할까? 고전꾼은 설자리를 향히 서서 과녁과 자신을 동일시한다. 그리고 화살이 떨어지는 방향으로 깃발을 든다. 예컨대 우궁 기준으로 살이 앞나면 왼손으로 잡고 깃발을 수평으로 올린다. 즉 화살이 떨어진 쪽을 가리키는 것이다. 뒤나면 오른손으로 잡고 깃발을 수평까지 올린다. 고전에게는 우궁과 좌궁이 없다. 설자리를 향해 서서 깃발만 들어 올리면 된다. 화살이 과녁이 못 미쳤으면 깃발을 발등 쪽으로 내린다. 화살이 과녁을 넘어갔으면 깃발을 머리 위로 들어 올린다.

---

43) '활 쏠 때 쓰는 말', 『조선의 궁술』 부록 ; 『한국의 활쏘기』 486~489쪽.

이것이 기본이지만, 좀 더 정교하게 알려주는 방법도 있다. 즉 짧았는데 떨어진 곳이 줌앞 쪽이면 깃발을 45도 왼쪽으로 든다. 살이 넘어갔는데 그 방향이 줌앞 쪽이면 깃발을 왼쪽으로 135도 든다. 반대쪽도 마찬가지이다.

2) 오방기

그런데 영조 때의 대사례도에 보면 임금의 활쏘기가 그림으로 그려졌고, 임금을 제외한 활터 장면이 금방이라도 재현할 수 있을 듯이 또렷이 보인다. 임금이 활쏘기할 때는 관중 여부를 알려주는 방법이 있다.44) 즉, 복판에 맞으면 획, 아래에 맞으면 유(留), 위에 맞으면 양(揚), 왼쪽에 맞으면 좌방(左方), 오른쪽에 맞으면 우방(右方)이라고 한다.

특이한 것은, 왕이 못 맞힐 때 어찌한다는 것은 없다는 점이다. 이는 허시 특례라는 것45)으로, 의식에서 활쏘기할 때 왕은 반드시 과녁을 맞혀야 하는 존재이다. 그래서 맞지 않아도 다 맞은 것으로 간주하고 음악을 연주한다. 다만 어디에 맞혔느냐 하는 것만을 판정하는 것이다. 이 판정을 상호군이 앞에서 무릎 꿇고 앉아서 아뢴다. 임금 앞에서 아뢰는 상호군은 먼 곳의 과녁 어디에 맞은 것을 어떻게 아는 것일까? 그 비밀이 바로 과녁 옆의 5방기이다. 다섯 가지 색깔로 구별된 깃발이 있다. 색이 각기 다르다. 파랑, 노랑, 빨강, 하양, 검정이다. 이것은 동양사회에서 방위를 나타내는 빛깔이다.46) 그래서 오방기라고 한다. 방향은 다음과 같다.

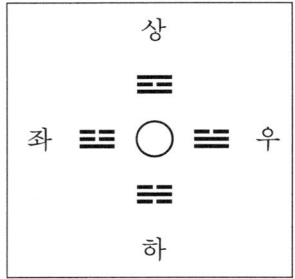 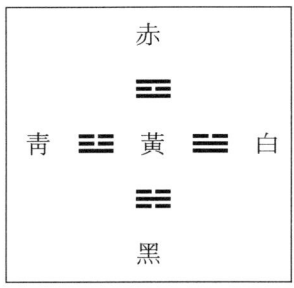 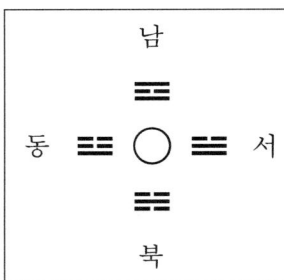

임금의 화살이 과녁의 복판을 맞히면(獲) 노랑(黃) 기가 올라가고, 아래에 맞으면(留) 검정(黑)

---

44) '사우사단의' 『한국의 활쏘기』 418쪽.
45) 편사에서 편장의 시사에는 허시 특례를 주어 실제로 불이 나도 다 맞은 것으로 간주하여 획창을 한다. 각 지방에서 벌어지는 대회에는 그 지역의 내빈들이 참가하는데, 그들에게도 시사를 시킨다. 활을 처음 잡는 사람들이라서 화살이 코앞에 떨어지는 데도 시관은 '관중'이라고 한다. 이것도 허시 특례의 변형된 형태이다.
46) 정진명 옮김, 『황제내경 소문』, 학민사, 2015. 38쪽.

기가 올라가고, 위에 맞으면(揚) 빨강(赤) 기가 올라가고, 왼쪽에 맞으면(左方) 파랑(靑) 기가 올라가고, 오른쪽에 맞으면(右方) 하양(白) 기가 올라간다. 그것을 보고 상호군은 정확히 화살이 간 곳을 판정하여 아뢰는 것이다.

다만 위의 대사례도를 보면47) 오방기의 맨 앞에 빨강 깃발이 하나 더 있는데, 이것의 용도는 현재 정확히 알 수 없다. 오방기가 화살의 방향을 가리키는 것에 반해 이것은 방향과 관련이 없는 다른 정보를 전달하기 위한 기능을 하지 않았는가 하는 정도로 추정할 수 있을 뿐이다. 예컨대 헌가에서 울리는 음악 소리 따라 임금이 거궁을 할 때 활쏘기의 시작을 무겁에 알려준다든가, 또는 위험 상황을 알릴 때 흔드는 그런 기능을 맡지 않았을까 추정해볼 수 있다. 하필 그런 기능을 하는 깃발이 빨강인 것은, 아주 단순한 이유, 즉 가장 잘 보이는 색이기 때문이었을 것이다.

오방기 앞에 북을 놓고 치는 장면이 있는데, 관중했을 때 북을 치는 관습은 해방 후까지도 있었던 것으로 확인된다. 편사나 백일장 때 그렇게 했는데, 이때 북을 치면서 봉산탈춤의 노장중 춤을 추었다.48)

임금이 쏠 때는 음악이 동반된다. 회안지악이 연주되는데, 임금이 설자리에 서면 음악이 흘러

---

47) 대사례도(大射禮圖)는 1743년(영조 19)에 윤4월 7일에 거행된 대사례 의식을 기록한 두루마리 그림(畵卷)이다. 2010년 6월 17일 서울특별시의 유형문화재 제305호로 지정되었다.
48) 김봉학 대담(1997. 7. 9.) : '경기지역의 편사 유풍', 『이야기 활 풍속사』 166쪽.

나온다. 3절이 끝나고 4절이 시작될 때 임금이 초시를 쏘고, 그 결과를 상호군이 알린다. 5절이 시작될 때 재시를 쏘고, 6절이 시작될 때 삼시를 쏘며, 7절이 시작될 때 막시를 쏜다. 이때 쓰는 활과 화살은 대궁승시이다.49) 음악은 길이가 일정하다. 따라서 그 안에서 임금이 활을 쏘고 고전의 깃발을 보고 상호군이 결과를 알려야 한다. 활을 쏘는 임금이나 판정을 알리는 상호군이나 일정한 시간을 지켜야 한다.

3) 깃발과 장족한량의 변화

오늘날 고전이 작은 깃발을 돌려 관중 여부를 알려주는 것은 그리 오래된 일이 아니다. 원래 활쏘기 대회가 벌어지면 무겁에는 반드시 2명이 있어야 한다.50) 편사에서 그런 내력을 볼 수 있다. 즉 장족한량과 거기한량이 그것이다. 거기는 약 5미터 정도 되는 긴 깃발을 가리키는 것으로, 만장처럼 긴 장대에 묶어서 쓰는데, 바닥에 눕혔다가 화살이 과녁에 맞았을 때만 돌린다. 돌리는 방법도 있는데, 그냥 동그라미를 그리는 것이 아니라 태극 모양으로 돌린다.51)

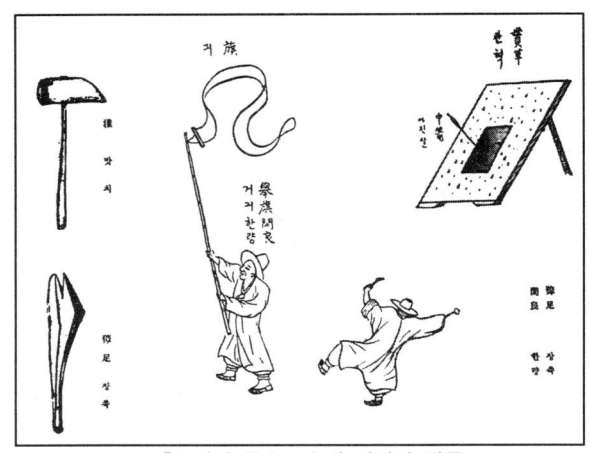

『조선의 궁술』 속의 거기와 장족

거기한량과 함께 무겁에 꼭 필요한 사람이 장족한량이다. 장족은 '노루발'을 말한다. 노루발은 옛날 과녁에 화살이 꽂히던 시절에 꽂힌 살을 뽑는 도구로, 못을 뽑는 장도리를 쓰는 경우도 있었다. 그래서 화살이 과녁에 맞으면 거기한량은 깃발을 들

인천편사의 대기 돌리는 모습

---

49) 『조선의 궁술』 31쪽. 大弓乘矢. 대궁은 활이 커서 붙은 이름이고, 승시는 네 개가 한 순이기 때문에 붙은 이름이다. 乘은 수레를 뜻한다. 옛날에 중국에서는 수레를 말 4마리가 끌었다. 그래서 4라는 숫자를 乘으로 표현한 것이다.
50) 『조선의 궁술』 63쪽.
51) 『2019 인천전통편사 기해년 보고서』 43쪽.; 박순선, '인천전통편사의 실제와 계승 방안', 『국궁논문집11』, 고두미, 2019.

어서 크게 돌리고, 장족한량은 망치를 들고 뛰어가서 화살이 맞은 자리를 두드린다. 판정 여부는 물론 관과 변을 정확히 구별하려는 것이다. 옛날에는 관을 맞힐 때와 변을 맞힐 때 점수가 달랐다. 그래서 초기 조선궁술연구회에서 조선궁도회로 이첩한 자료를 보면 관인과 변인이 따로 있었다.[52]

그런데 한국전쟁 후 살촉이 둥근 촉으로 바뀌면서 장족한량의 일이 바뀌었다. 화살이 과녁에 꽂히지를 않으니, 망치를 들고 달려가서 알릴 필요가 없어진 것이다. 그리고 점수제도 관변을 구분하지 않고 동일하게 다루기 때문에 굳이 어디에 맞았는지 알 필요도 없게 되었다. 이렇게 되자 장족한량은 사실상 무겁에서 불필요한 존재가 된다. 이런 상황에서 장족한량은 과녁을 벗어난 화살이 떨어진 방향을 친절하게 가르쳐주는 부가기능을 자신의 일로 받아들이게 된다. 이 때 처음 장도리나 노루발 대신 사용한 것은 부채였다. 쥘부채를 쥐고서 화살이 튄 방향을 알려주는 것이다.

그런데 쥘부채는 단단하기 때문에 고전이 장난을 치는 수가 자주 일어났다. 지금으로서는 상상할 수 없는 일이지만, 고전꾼들은 눈매가 남달라서 날아드는 화살을 툭툭 쳐내기도 한다. 2002년 인천편사 답사를 갔을 때 무겁에 가서 확인한 일이다.[53] 그때 각 정에서 고용한 고전들은 과녁에서 멀찍이 떨어져서 소기를 흔드는 것이 아니라 과녁의 한복판에 서서 날아드는 화살을 받았다. 화살이 휙 하고 날아들면 화살이 과녁을 때리기 전에 소기를 갖다 댔다. 그러면 뒤늦게 화살이 날아들어 소기를 때렸다. 그래서 고전이 손에든 깃발은 구멍이 숭숭 뚫렸다.

이런 눈매와 실력을 갖춘 장족한량은 부채를 손에 들고서 자기 맘에 안 드는 사람의 화살이면 툭 쳐내고, 자기 맘에 드는 사람의 화살이면 벗어날 화살도 툭 쳐서 과녁 안으로 들어가게 만든다. 바로 이런 점 때문에 편사에서는 판정에 불복하고 거기를 번쩍 치켜드는 일이 발생하고, 이런 갈등 때문에 유사시에는 동네에서 한 덩치 하는 사람들이 우르르 몰려가서 싸움을 거들곤 했던 것이다. 이런 분쟁을 예방하려고 쥘부채를 작은 깃발로 바꾸었다. 깃발은 펄럭거리기 때문에 화살을 쳐낼 수 없는 까닭이다.

오늘날 고전은 작은 깃발을 들고 화살의 관중 여부를 알리는 작은 자리로 바뀌었지만, 이 고전은 편사의 장족한량에서 기원하여 쥘부채를 거쳐 작은 깃발에 이르렀음을 확인할 수 있다.[54]

---

52) 성문영 공 유품. 조선궁술연구회에서 조선궁도회로 이첩하는 물품 목록에 변인과 관인이 따로 적혀있다.
53) '인천지역의 편사 놀이', 『국궁논문집』 제6집, 온깍지궁사회, 2007. 157~176쪽.
54) 정진명, '장족한량의 변화', 『온깍지 활 공부』, 고두미, 2019. 146~147쪽.

8. 무겁의 변화

이번에는 무겁의 변화를 살펴볼 차례이다.

1) 살가림막

무겁은 과녁이 놓인 자리를 말한다. 즉 살이 떨어지는 곳이다. 과녁이 있고 그 뒤에 화살이 멀리 가지 못하도록 흙으로 둔덕을 쌓아놓았는데, 이를 '토성(土城)'이라고 한다. 과녁 옆에는 고전이 살을 피할 수 있는 살

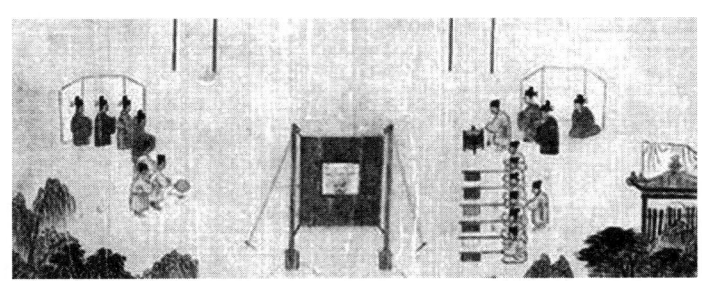

대사례도의 무겁에 설치된 살가림막

가림막이 있는데, 요즘은 대체로 작은 막사처럼 지어서 햇빛을 피할 수 있도록 해놓았다. 그래서 지금은 이를 '고전막사'라고 부르는 곳이 많다. 그러나 원래 이름은 '살가림막'이었다.

무겁의 상황도 많이 변했다. 이곳에 상주하는 고전은 관중여부를 알려주면서 활 한 순을 다 낸 뒤에는 떨어진 화살을 주워 살날이에 실어 보내는 연전꾼 노릇도 함께 하였다. 고전을 다른 호칭으로 연전동이라고 부르는 것도 그런 까닭이다.

2) 과녁 수

옛날에는 무겁에 과녁이 하나였다. 그럴 수밖에 없는 것이, 옛날에는 반드시 기생획창이 뒤따랐다. 한량이 활을 쏘면 획창한량이 관중을 알리는 창을 하고, 그 창을 이어받아서 획창기생이 획창을 한다. 그래서 과녁을 둘을 놓을 수가 없는 상황이다. 과녁을 둘이나 놓게 된다면 양쪽에서 소리를 해야 하니 헛갈려서 혼란스럽게 된다.

활터의 무겁에 과녁이 둘로 늘어난 상황은, 바로 이 기생획창이 사라졌음을 뜻한다. 제2회 전국 남녀 활쏘기 대회를 치르던 1959년까지 과녁이 하나였다.[55] 그러나 제5회 대회를 치른 1962년부터 과녁이 둘로 바뀌었다.[56] 따라서 이때부터 활쏘기 대회에서는 획창이 사라졌음을 뜻한다. 참가 선수가 많아서 획창 없이 대회를 진행해야 했기 때문에 발생한 일로 보인다.

---

55) 『황학정백년사』 150쪽.
56) 『황학정백년사』 151쪽.

하지만 전국 활쏘기 대회는 1970년대까지 기생획창이 있었고, 그래서 대회 운영 방법도 지금과 달랐다.

오늘날에는 전국대회를 치를 때 참가자 선수 명단을 먼저 받아서 우선 1순을 쏘게 한다. 이렇게 하여 단체전 16강을 선발한 다음에 토너먼트 방식으로 올라가서 우승을 결정하는 방식으로 대부분 운영된다.

그러나 옛날에는 기생획창 때문에 이렇게 할 수 없었다. 당시 전국대회 참가 인원은 200명 내외였는데 기생획창이 붙기 때문에 하루에 딱 1순(5시)만 쏠 수 있었다. 첫날 초순을 내고, 이튿날 재순을 내고, 사흘째 종순을 내여 성적을 합산하고 순위를 결정한다. 그러다 보니 최소한 사흘을 그곳에 머물러야 한다. 결국 대회가 사흘 간격으로 촘촘히 열리게 되면 대회를 치르러 집을 나선 한량은 대회 시즌 동안 집에 돌아올 수 없다는 결론이 난다. 실제로 금산 흥관정의 박병일 가문에서 일어난 일이다.57) 그리고 이런 식의 대회는 1960년대까지 꾸준히 진행된다. 이런 가운데에서 1958년 제1회 전국 남녀 활쏘기 대회가 열린 것이고, 기생 획창이 있는 대회와 없는 대회가 병행되다가 1970년대로 접어들면서 대회 때 기생획창이 사라진다. 아울러 대회 진행의 효율성을 위하여 과녁이 하나에서 둘로 늘었다가 셋으로 더 늘어난다. 이렇게 활터에서 과녁을 셋 놓아야 하는 것으로 완전히 자리 잡는 시기는 1980년대 초이다. 이 무렵 활터를 새로 세우면 으레 과녁 셋을 놓는 것으로 여기게 된다.

그리고 1990년대로 접어들면 과녁을 4개 놓는 활터가 드문드문 생기다가 2000년을 넘어서면 과녁 숫자를 헤아리기 어려울 정도로 많아진 활터가 생긴다. 과녁 5개는 물론 6개 7개까지도 놓는 활터가 생긴다. 모두 대회 진행의 효율성 때문에 나타난 현상이다.

문제는 이렇게 무겁이 달라지면서 활터의 분위기도 달라져 간다는 점이다. 즉 과녁에 따라 1관, 2관, 3관으로 표현하던 것이 사격장 용어로 대체되는 일까지 발생한다. 실제로 심판들이 사용하는 용어를 보면 1사로 2사로 3사로라고 지칭하는 경우도 있다. 활터는 이제 전통의 현장이 아니라 사격장으로 바뀌는 중이다.58)

그리고 무겁에는 애기관이 있는 활터도 많다. 애기관이란, 과녁이 작아서 붙은 이름이다. 현재 과녁의 1/4 크기로 만들어서 과녁과 과녁 사이에 하나 놓는다. 집중력을 높이는 훈련을 할 때 쓰는 과녁이다.

---

57) 박경규, '충남 지역의 해방 전 활쏘기 풍속', 『국궁논문집』 제3집. ; 박문규, '충남 지역의 활쏘기 풍속', 『국궁논문집』 제8집.
58) 『활쏘기의 어제와 오늘』 35쪽.

9. 맺음말

사회 전체가 거대한 변화의 물결을 탈 때 그 안에서 전통의 생명력은 굉장히 위태로운 환경에 놓인다. 전통도 당시 사회의 쓰임에 따라 변화를 요구당하기 때문이다. 그 요구가 정당한 것이라면 응당 전통도 그렇게 대응해야 하지만, 그 요구가 정당하지 못한 상황이라면 전통은 왜곡에 직면한다. 근대화가 진행된 지난 100년간 활터가 겪은 상황은 이러한 여건을 여실히 볼 수 있는 현장이었다.

이 글에서는 활터의 터과녁이 지난 세월 동안 겪은 변화를 검토함으로써 활터 현실에 대한 정확한 인식을 제고하려 하였고, 그럼으로써 활터가 맞닥뜨린 전통의 문제를 좀 더 깊이 있게 접근할 수 있는 기회가 되었다.

활터는 다른 그 어느 분야보다 전통이 강하게 곳이다. 그곳만 빼고 나머지가 다 변했다면 변하지 않은 그곳은 자칫 광대처럼 보이거나 시대착오의 현장으로 보이기 십상이다. 그러나 우리가 부인하든 인정하든 활터는 불과 50여 년 전까지 지난 천년 세월의 자취 고스란히 간직한 곳이었다. 결국 우리 세대에 이르러서야 이 문제를 어떻게 바라보아야 하는가 하는 심각한 상황이 들이닥쳤고, 그런 옛 풍속을 바라보는 우리 자신의 시각을 검증하지 않으면 전통 자체가 위기에 직면하는 전대미문의 시대를 맞이했다.

지난 세월 활터의 터과녁이 겪은 변화 양상에 대해 섣불리 평가하기는 쉽지 않다. 그러나 그런 평가 이전에 변화 입은 양상을 더욱 정확히 논구하고 이해함으로써 우리가 활터를 어떻게 바라보는가 하는 현재의 시점이 정확히 드러난다는 것은 분명해 보인다. 다양한 복합문화가 공존하던 활터가 사격장으로 변해가는 이 현실을 두고 과연 어떻게 대처해야 할지는 결국 우리에게 남겨진 숙제라 할 수밖에 없다.

영문 초록

A Study on the Historical Changes of Fixed Targets for Korean Traditional Archery

written by Jeong Jin-Myung

Koran Traditional Archery(KTA) has a long history and it has been one of essential parts of Korean traditional culture. It still preserves priceless cultural assets. It is a highly valuable research to trace back the changes of KTA. KTA had a standardized format of archery practice in the era of the Joseon dynasty(1392~1910). There have been many changes in archery culture for about 120 years since modernization in Korea. I found that especially the changes of the fixed targets among many changes clearly reflect the historical changes of archery culture. In this paper, I will explain the changes of targets in the aspects of the design, the size and the distance of targets.

The first topic is the changes of target design. Before we trace back the historical changes of target design, we have to say the current target. Target today has a red colored circular sector in the middle of the target and the red circular sector is surrounded by a black colored rectangular sector. And the rectangular sector is also surrounded by white rectangular background. There is a line above the rectangular black sector. This is the current target design, but it was a modified form of original target design. No other researchers revealed the specific process and the reason of how and why these changes happened.

The fixed target of KTA these days are inherited from the traditional heritage of the Joseon Dynasty when people had to pass archery tests to become a military or a naval officer. At that time, the fixed target had a black sector in the middle on a white background. The following are the drawing procedures of the black sector. The target was divided into three sectors vertically and horizontally so that it had nine rectangular sectors. The center sector among nine sectors was painted black to show it is the center of the target. There was no red circular sector in the center in the olden times. There is a line above the rectangular black sector. This line was painted on the first target to distinguish from the second target standing side by side. Number 1 was painted as a form of chinese character on the first target and number 2 was painted on the second one. Chinese character is the origin of the line above the rectangular black sector.

This changes emerged in the late 1950s when the archery began to be viewed as a kind of sport rather than a military weapon. In this point of view, they made the target bigger and the black rectangular sector in the middle of the target was also made bigger. And they added a red circle in the black rectangular sector to make the aiming point clear.

The second topic is the changes of target size. The original form of target size in the era of Joseon dynasty was 4.6 × 6.6 *ja* (*ja* is a measure of length) which is converted into 141.68 × 203.28cm using Korean measurement system. The target size today is bigger than old one, which is 6.6 × 8.8 *ja* which is converted into 199.98 × 266.64cm. The same 6.6 *ja* was converted into 203.28cm in Joseon dynasty but converted into 199.98cm in the modern age using Japanese measurement system even though Korea was already independent from Japan!

The third topic is the changes of target distance. The distance from shooting line to the target was 120 *bo* (*bo* is a measure of length) which was 149.446m. This distance was changed into 147m in 1963, and into 145m in 1969. This change emerged from the mistake which means they used a Japanese measurement system instead of Korean measurement system.

Now we could identify the historical influences on the changes of Korean archery culture.

□ 참고문헌

1) 옛 문헌

『경국대전』
『국조오례의』
『무과총요』
『속대전』
『의례』
『의학입문』
『주역정의』

2) 단행본

김교빈, 『동양철학과 한의학』, 아카넷, 2003
김기훈 편, 『학예지』 제7집, 육군박물관, 2000
김기훈, The Archery Tradition of Korea, 『학예지』, 육군박물관, 제10집, 2003
나영일, 『무과총요연구』, 서울대학교출판부, 2005
-----, 『우리 활터 석호정』, 서울대학교출판문화원, 2012
-----, 『정조 시대의 무예』, 서울대학교출판부, 2003
박병연, 『전주 천양정사』, 탐진, 1995
박순선, 『2019 인천전통편사 기해년 보고서』, 나눔터, 2020
박시인, 『알타이 인문 연구』, 서울대학교출판부, 1970
어윤형 전창선, 『음양오행으로 가는 길』, 세기, 2005
연무정사편찬위원회, 『연무정기』, 수원 연무정, 2013
온깍지궁사회, 『국궁논문집』 제1집, 고두미, 2001
----------, 『국궁논문집』 제2집, 고두미, 2002
----------, 『국궁논문집』 제3집, 고두미, 2003
----------, 『국궁논문집』 제4집, 고두미, 2005
----------, 『국궁논문집』 제5집, 고두미, 2006
----------, 『국궁논문집』 제6집, 고두미, 2007

----------, 『국궁논문집』 제7집, 고두미, 2009

----------, 『국궁논문집』 제8집, 고두미, 2013

----------, 『국궁논문집9』, 고두미, 2016

----------, 『국궁논문집10』, 고두미, 2018

온깍지학회, 『국궁논문집11』, 고두미, 2019

육군박물관, 『한국의 활과 화살』, 육군박물관, 1994

은남근, 『오행의 새로운 이해』, 법인문화사, 2000

이성무, 『한국의 과거제도』, 집문당, 1994

이이화, 『역사풍속기행』, 역사비평사, 1999

이중화, 『조선의 궁술』, 조선궁술연구회, 1929

이천, 『의학입문』(진주표 옮김), 법인문화사, 2009

이형상, 『탐라순력도』, 영인본, 제주시, 2000

이훈종, 『민족생활어사전』, 한길사, 1995

임선빈 외, 『조선시대 무과 전시의 고증 연구』, 충청남도 아산시, 1998

임종남 편, 『한국의 궁도』, 대한궁도협회, 1986

정진명, 『고려침경 영추』, 학민사, 2014

-----, 『온깍지 활 공부』, 고두미, 2019

-----, 『우리 활 이야기』, 학민사, 1996

-----, 『우리 침뜸의 원리와 응용』, 학민사, 2011

-----, 『이야기 활 풍속사』, 학민사, 2000

-----, 『한국의 활쏘기』, 학민사, 1999

-----, 『활쏘기의 나침반』, 학민사, 2010

-----, 『활쏘기의 어제와 오늘』, 고두미, 2017

-----, 『활쏘기 왜 하는가』, 고두미, 2018

-----, 『황제내경 소문』, 학민사, 2015

조좌호, 『한국과거제도사연구』, 범우사, 1996

주춘차이, 김남일 옮김, 『의역동원 역경』, 청홍, 2006

차문섭, 『조선시대 군제 연구』, 단대출판부, 1995

편찬위원회, 『경남궁도사』, 경남궁도협회, 1999

편찬위원회, 『경북궁도사』, 경북궁도협회, 2003

편찬위원회, 『충북국궁사』, 충북궁도협회, 1997

편찬위원회, 『황학정백년사』, 황학정, 2001
한국양궁30년사편찬위원회, 『한국 양궁 30년사』, 대한양궁협회, 1992
한규성, 『역학원리강화』, 동방문화, 1993
허인욱, 『옛 그림에서 만난 우리 무예 풍속사』, 푸른역사, 2005

3)인터넷 사이트

국궁문화연구회 http://cafe.daum.net/kukmoonyun
디지털 국궁신문 http://www.archerynews.net
영집궁시박물관 http://www.arrow.or.kr
온깍지궁사회 http://www.onkagzy.com
온깍지아카데미 https://cafe.naver.com/onkagzy
온깍지활쏘기학교 http://cafe.daum.net/onkagzyschool
온깍지활터 http://cafe.daum.net/ongakzy
인천전통편사 http://cafe.daum.net/Incheonpyeonsa

『조선의 궁술』과 거리가 먼 활쏘기 방식

류근원 (온깍지활쏘기학교 교두)

　우리나라의 전통 활쏘기 방식은 책 『조선의 궁술』에 서술되어있다. 활쏘기의 풍속과 문화에 대한 상세한 기록을 제외하고 사법에 대해서 말하자면 그 내용이 오늘날 책으로 겨우 5~6쪽 정도의 분량이다. 간략한 분량이지만 그 속에서 전통 활쏘기 방식의 요체가 서술되어있기에 나는 때때로 다시 읽어보며 스스로 잘못된 길로 가고 있는지 돌아보는 지도와 나침반으로 삼고 있다.

　『조선의 궁술』과 원로 구사의 가르침과 스스로 습사를 통해 확인한 전통 사법의 요체를 말로 전달하는 것은 말하자면 불교적 깨달음을 대중에게 전달하는 것만큼 어렵다고 생각한다. 바닷가에서 모래놀이를 할 때 손가락 사이로 모래가 흘러나가듯 전통 활쏘기를 말로 설명하려 할수록 그 말들 사이로 본질은 빠져나가는 것 같다. 그래서 이 글에서는 다른 방식으로 설명하고자 한다. 그것이 '아닌 것'을 말함으로써 역설적으로 그것이 무엇인지 말하고자 한다. 이제 말하는 것은 '아닌 것'에 대한 것이다. 아닌 것이 아닌 쪽으로 가다 보면 가야 할 곳에 이르지 않겠는가.

1. 부분으로 쏘는 것

　때때로 활 쏘는 사람들을 볼 때, 오로지 팔로 활을 쏘는 것 같은 느낌이 들 때가 있다. 활을 밀고 당기는 것 이외에 아무것도 없는 활쏘기 방식이다. 이것은 활을 신체의 한 부분으로 쏘는 방식으로서 정법이 '아닌' 방식이다. 『조선의 궁술』에서 활은 온몸으로 쏘는 것이다. 몸 전체가 한 덩어리가 되어 쏘는 것이다. 『조선의 궁술』에는 묘한 구절들이 있다. 그런 구절을 통해서 그 당시 활 쏘는 사람들이 추구했던 것이 온몸으로 쏘는 것이라는 것을 알 수 있다.

　'불거름은 아무쪼록 팽팽해야 하나니, 만일 팽팽하지 못한 경우에는 이로 인하여 엉덩이가 뒤로 빠져서 법에 맞지 아니하나니, 팽팽히 하는 법은 두 다리에 힘을 단단히 쓰고 서면 자연히 팽팽해지나니라.'라고 서술되어 있다. 다리, 엉덩이, 불거름이 하나로 이어지는 것으로 설명하고 있지 않은가.
 '가슴통은 다다 비어야만 쓰나니, 만일 배(實)거나 버스러지면, 법에 대기(大忌)하는 (크게 꺼리는) 바이니, 이런 경우에는 목덜미를 핑핑하게 늘이면 자연히 가슴이 허하여 지나니라.'
 '턱끝은 줌머리와 가까이 묻되, 혹시 들리거나 하면 웃동이 버스러지고 살이 바로 빠지지 못하나니, 이 병을 고치는 법은 다다 목덜미를 느리면서 턱을 묻으면 저절로 줌머리 가까이 묻히나니라.'라고 서술되어있다. 목과 가슴과 웃동이 하나가 되어 화살이 제 방향대로 빠지는 것을 설명하고 있다.
 '정순(正巡)을 쏘는 때에는 매양 상기(上氣)도 되며, 호흡이 재촉이 되어서 방사할 때에 만족히 케이지 못하기도 쉬울지니, 아무쪼록 하기(下氣)가 되도록 할 것이며 호흡이 재촉되지 않도록 마음을 안정히 하며 기운을 화평히 하여 만족하게 케이도록 주의할지니라.'라고 서술한다. 기운과 호흡과 마음과 힘이 두루 하나로 이어지지 않는가. 이 책을 쓴 분들이 살던 시대에는 이렇게 기운과 호흡과 마음과 힘이 모두 하나가 되는 경지에서 활을 쏘았다.

 이와 같이 조선의 궁술을 잘 살펴보면 발바닥부터 머리끝까지 하나의 기운으로 한 덩어리가 되어 활 쏘는 것을 서술하고 있다. 온몸이 한 덩어리가 되어서 쏘게 된다면 이후에 설명하는 모든 것들은 필요 없게 된다.

2. 발이 가벼운 것

 활 쏘는 사람의 신경이 온통 과녁에 가 있거나 오로지 활을 밀고 당기는 양팔에만 힘쓰고 있는 경우를 본다. 이런 경우에 땅바닥에 굳건히 붙어 있어야 할 발이 들뜨거나 움직인다. 이렇게 발이 경박한 것은 『조선의 궁술』이 아닌 방식이다.
 『조선의 궁술』 사법 부분은 2개의 장으로 하나는 '궁체의 종별'이고 또 하나는 '신사의 배우는 차례'이다. 그런데 이 두 장 모두 발가짐에 대한 설명으로 시작하고 있다. 그만큼 발가짐이 바른 궁체를 결정하는 첫째 조건이다. 발은 굳건히 디뎌야 한다.

3. 체중 불균형

 뒷발보다 앞발에 더 많은 체중이 실리는 것은 잘못된 궁체이다. '전체의 중량을(온몸의 체중을), 앞과 뒤의 두 발에다가 고르게 실리고 설지니라.'라고 표현한 것처럼, 양발에 체중이 균등 분배되어야 한다. 하체가 굳건하고 체중이 앞과 뒤로 쏠리지 않고 하늘을 향하여 온몸이 바르게 설 때, 『조선의 궁술』 사법의 첫 구절인 '몸은 곧은(直瞪) 형세로 서서' 활 쏠 수 있게 된다.

4. 쪽활

줌손을 과녁을 향해서 다 뻗어둔 채 깍지손을 끄는 것은 『조선의 궁술』이 아닌 방식이다. 깍지손을 다 끌지 않았는데 줌손은 벌써 다 밀어 놓고 있다는 것은 이미 불균형 상태이기 때문이다. 『조선의 궁술』은 이런 활을 '쪽활'이라고 부르고 있다. 이런 활은 좌우 균형이 깨어져 있기 때문에 늘 부족하거나 넘치거나 둘 중 하나가 된다. 균형 상태를 지그시 버틸 수 없는 방식이다.

5. 배가 나오는 것

배가 나오는 궁체로 아무리 잘 맞추더라도 그것은 『조선의 궁술』 방식이 아니다. '불거름이 팽팽하지 않으면 엉덩이가 뒤로 빠져서 법에 맞지 않는다'라고 명확히 서술하고 있다. 세로방향으로 힘쓰는 결이 있어야 하는데 그것이 없으니 무술의 자세가 아니다. 이러한 궁체는 상체로만 활을 쏘는 것이고 온몸이 한 덩어리가 되는 것과는 거리가 멀다.

6. 두 손끝으로 쏘는 것

『조선의 궁술』에 묘한 표현이 있다. '살이 나갈 때 필요히 가슴통이 밀려서 방사가 되어야 하나니 그렇지 아니하면 두 끝으로 방사가 되어서 법에 맞지 아니하나라.'라는 구절이다. 활은 줌손과 깍지손, 두 손으로 잡아서 쏜다. 그런데 활 쏘는 사람의 마음이 오로지 줌손과 깍지손에 머무르면 안된다. 두 손끝으로 활을 쏘게 되면 발시 후의 궤적이 다르다. 발시 후 두 손의 궤적을 보면 그 사람이 손끝으로 활을 쏘고 있는지 중심에서부터 활을 쏘고 있는지 알 수 있다. 활을 쏘는 사람의 마음은 척추선을 따라서 이어지는 세로축을 벗어나면 안 된다. 즉, 머리와 목과 가슴과 불거름과 회음과 양발을 떠나면 『조선의 궁술』 사법이 아닌 것이다.

7. 겨우 당겨 쏘는 것

'각지손은… 방전을 맹렬히 할지니'라고 설명하고 있고 또, '각지손을 뒤를 내지 못하고 버리기만 하는 것을 가로되 봉뒤라 한다'고 지적하고 있는데 이것은 사람의 궁력이 활을 이기지 못해서 나타나는 현상이다. 그곳에 '만족하게 켸여서'라고 표현한 것처럼, 충분히 만족스럽게 당기지 않고 쏘는 것이다. 이렇게 쏘는 것은 30년을 쏘아도 『조선의 궁술』의 사법이 아니다. 활을 연궁으로 바꾸든지 생각을 바꾸든지 해야 할 일이다.

8. 밀어 쏘는 것

깍지손의 당김에 의해서 줌손은 저절로 밀려야 한다. 그런데 깍지손은 그대로 있으면서 줌손만 과녁으로 밀고 들어가는 쏘임은 『조선의 궁술』의 사법이 아니다. 『조선의 궁술』은 명확히 깍지손을 당겨서 발시하는 사법이다. 활을 만작한 다음에 밀 것이냐, 당길 것이냐 하는 딜레마가 있다. 요즘 많은 사람들이 이 순간에 줌을 밀어서 활을 쏘고 있으나 이것은 바른 방식이 아니다. 밀고 당기는 두 가지 모두 조화를 이루어야 하고 선후를 따지는 것도 어려운 일이다. 그럼에도 불구하고 엄밀히 선후를 밝히자면 깍지손의 당김에 의해서 발시 동작이 시작되어야 한다.

『조선의 궁술』에서 서술하는 바, '깍지손을 맹렬히 하라'는 것은 깍지손 당기는 것만을 말하는 것이 아니다. 먼저 온몸이 하나가 된 궁체를 이루어야 하고, 이렇게 온몸이 한덩어리가 되면, 깍지손을 당길 때 줌손이 저절로 과녁 쪽으로 밀리게 된다. 이것이 '가슴통이 밀려서' 발시되는 것이고, '등힘'이 작용하는 것이고, 온몸으로 발시하는 것이다.

9. 발을 넓게 벌리는 것

요즘 두 발을 어깨 넓이로 넓게 벌려서는 경우가 있는데 이것은 『조선의 궁술』 사법이 아니다. 책의 그림을 통해서도 알 수 있고 1900년대 초반에 찍힌 수많은 사진을 통해서도 확인된다. 두 발은 골반 넓이를 넘어서지 않는다. 넓게 벌려 서는 것은 하체의 힘이 약하거나 하체의 힘을 쓰지 않으려는 발상에서 나오는 것인데 그럴수록 『조선의 궁술』에 말하는 사법과는 거리가 멀어진다. 『조선의 궁술』은 온몸으로 쏘는 것을 말하기 때문이다.

10. 발끝이 측면을 향하는 것

우궁의 경우 왼발은 과녁 왼쪽 끝을 향해야 하고 오른발은 약간 뒤로 빼고 오른쪽으로 그 방향을 제쳐야 한다. 이마가 과녁을 향하도록 서야 하는데 이마가 오른쪽으로 향하도록 발자세를 그렇게 서는 것은 허리를 돌리지 않거나 허릿심을 쓰지 않겠다는 발상에서 나온 것인데 그럴수록 『조선의 궁술』에 말하는 사법과는 거리가 멀어진다. 돌아설수록 상체만의 힘으로 쏘게 되니까 그렇다.

맺음말

『조선의 궁술』은 온몸이 하나가 되어 쏘는 것을 말하고 있다. 그 첫머리에 설명하는 문장이 『조선의 궁술』 세계로 들어가는 열쇠이다. 즉, '몸은 곧은(直覽) 형세로 서서 관혁과 정면으로 향하여야 하나니, 속담에 관혁이 이마 바루 선다함이 이를 이른 바이니라.'라는 구절이다. 다른 나라의 활쏘기처럼 과녁을 비껴서는 것과 다르게 『조선의 궁술』에서처럼 과녁을 마주보고 서는 것이 온몸으로 활을 쏘게 되는 비결이다. 이를 실천하지 않는다면 그 이후의 것은 무슨 말을 해도 소용이 없다.

한국 활쏘기의 현실과 방향[1]

권성옥(경산 삼성현정 전임 사두)

1. 한국의 전통 활쏘기 문화

활쏘기는 인류 역사 초기부터 이루어진 활동이다. 활의 재료가 나무나 뼈 등으로 만들어져 지금까지 원형이 남아 있지 않지만, 구석기나 신석기 시대의 돌촉이나 청동기 또는 철기시대에 만든 화살촉 등은 지금까지 보존되어 출토되고 있어 인간 사회에서 활쏘기는 인간의 생존과 직결되는 사냥과 전쟁의 중요한 수단이었던 것은 사실이다.

특히 우리 민족은 역사적으로 활을 잘 쏘는 동이(東夷) 민족으로 알려져 있다.

동이라는 말의 어원은 '동방에 사는 어진 사람들' 또는 '동쪽에 살며 활을 잘 쏘는 사람들'이란 뜻을 지녔다. 동아시아 3국의 무예문화를 비교 하면 중국이 창의 문화 일본이 칼의 문화라면 우리는 활의 문화라고 할 수 있다.

우리 역사를 살펴보면, 고구려 왕조를 창업한 주몽이 어렸을 때부터 활을 잘 쏘았다는 이야기, 당 태종이 고구려 침략 때 당태종의 눈을 화살 하나로 맞추어 당나라군을 격퇴 했다는 양만춘 장군의 안시성 싸움, 몽골군의 침입 때 처인성 전투에서 적장 살리타를 쏘아 쓰러뜨린 김윤후 장군, 조선 왕조를 건국한 이성계의 신궁과 같은 여러 무용담, 무용총의 수렵도를 비롯한 고구려 고분 벽화 등, 그 외에도 백제의 고이왕, 비류왕, 동성왕, 고려의 문종, 예종, 의종, 조선의 태종, 세조, 정조가 활을 잘 쏜 것으로 사서에 기록되어 있으며 신라의 장보고, 고려의 신숭겸, 김경손, 조선의 유응부, 이징옥, 최윤덕, 김세적, 이순신 등 무장들의 활쏘기는 유명하며, 문신들 중에도 명궁으로 이름 높은 이들이 상당히 많았다. 조선 세종 때 황희의 아들 황치신, 연산군 때 홍문관 관원이었던 이광, 중종 때 영의정 유순정, 선조 때 임진왜란에 참전하여 탄금대에서 전사한 김여물, 충무공 이순신의 장인 방진 등 위로는 왕과 신하로부터 아래로는 평민에 이르기까지 전 계층을 망라하여 관심을 가지고 수련하고 즐겼던 우리 민족을 상징하는 무예이자 문화라고

---

[1] <사진으로 보는 경신시궁도연합회 및 삼성현국궁회 발자취(2018)>에 발표된 자료를 수정·보완했다.

할 수 있다.

이러한 우리의 전통문화가 일제 시기와 한국전쟁과 군사독재를 거치면서 쇠퇴일로와 지지부진을 거듭하며 명맥을 유지 하다가 생활체육으로 전국 궁도연합회가 우리의 다음 세대인 아동과 청소년들에게 전통 활쏘기를 전수하고 교육하며 현 시대에 걸 맞는 유익하고 건강한 활쏘기 문화를 새롭게 창조해야 할 필요성을 제기하고 있었으나 이마저 대한체육회와 생활체육회를 통폐합하면서 무산되고 있는 국궁의 현실이다.

2. 국궁의 인문학적 의미

우리의 전통 활쏘기는 인간의 활동과 문화와 관련하여 어떤 의미와 가치를 가지는가를 살펴보면 첫째 심신 단련의 좋은 수단이라고 할 수 있다.

원래 활쏘기는 인간의 치열한 삶 가운데서 탄생하고 오랫동안 발전하고 수행된 활동 이었다. 사냥과 전쟁을 통하여 가족과 집단의 생존과 운명이 걸려 있는 냉혹한 현실과 직접 연관된 활동 이었다. 17세기 화약 무기인 총포의 출현으로 무기와 사냥 도구로서 활의 기능은 운명을 다했지만, 활쏘기의 인문학적 의미는 현대에도 큰 영향을 주고 있다.

활쏘기의 수련이 우리의 몸과 정신을 단련하고 강화하는 좋은 도구가 되며, 활쏘기의 수련이 우리의 몸과 마음에 미치는 긍정적 영향력 때문이다. 어느 수준까지 실력이 쌓이기까지는 상당한 인내와 노력이 요구된다. 꾸준한 몸의 단련으로 보통 사람보다 훨씬 강하고 부드러운 신체를 만드는 일과 이것을 위해 정신을 집중하고 강화해 나가는 일 등이 반드시 요구되는 무예이기 때문에 심신 단련의 훌륭한 수단이 되는 것이다.

우리 국궁 사법은 양궁이나 세계의 어느 민족 활쏘기보다 심신단련에 탁월한 유익을 준다고 말 할 수 있다. 바로 역근의 원리, 짤심(비틀림)의 원리, 맞힘의 원리, 단전호흡의 원리가 적용되어 우리 신체의 내부 장기를 긴장과 이완의 반복으로 건강 유지의 좋은 수단이 되고 있다.

둘째 공동체 정신의 함양이다.

국궁은 단순히 개인 단련의 수단을 넘어서 공동체 정신을 함양하는 데도 큰 의미가 있다. 활쏘기는 개인이 저마다 노력해서 연습을 충실히 해야만 익숙해 질 수 있음은 분명하다. 그러나 전투나 사냥시대의 활쏘기는 무엇보다 집단적으로 수행되는 활동 이었다. 한사람의 탁월한 능력만으로는 사냥이나 전투에서 결코 기대한 결과를 충분히 얻을 수 없기에 집단 전체의 능력이 필요 했다. 따라서 집단 내에서 서로 협력하고 선의의 경쟁을 하면서 발전해 왔다. 이는 필연적으로 공동체 정신을 키우는 것과 깊은 관련을 갖지 않을 수 없다. 여러 사람이 같이 활을 쏠 때 함께 나아가고 함께 물러나고 쏜 화살을 주우러 갈 때는 모두가 다 쏠 때까지 기다렸다가 함께 나가서 줍고 함께 뒤돌아 오는 관행이 있다. 이것을 동진 동퇴라고 하며 전투나 사냥에서 활을 쏠 때 지휘에 따라 일사분란하게 움직여야만 했던 전통을 반영 한다고 볼 수 있다.

동료나 선후배로서 활터에서 함께 활을 쏜다는 것은 본질적으로 경쟁하는 상대가 아니라 공동 운명체로서 함께 하는 것이다. 그래서 서로 칭찬하고 격려하며 부족한 부분은 서로 가르쳐 주고 함께 나아가고 뒤돌아 오는 일상에서 자연스레 공동체 정신이 길러지는 것이다. 우리 활쏘기의 옛 풍습에도 각 지역별로 '편사놀이'라는 게 있어서 여럿이 활을 쏠 때면 단순히 개인 간의 경쟁보다는 두 편이나 세편으로 나누어 경쟁을 하는 경우가 훨씬 많았다. 이러한 풍습도 결국 개인의 능력보다 공동체의 협력을 중시한 우리 활쏘기의 특징을 반영하는 것이라 할 수 있다.

셋째 우리 민족 정체성의 핵심이다.

국궁은 우리 민족 정체성의 핵심으로서 중요한 의미가 있다. 활은 우리 민족의 상징과도 같은 무기였고, 활쏘기는 우리의 전통문화에서 빼놓을 수 없는 부분을 차지한다. 예부터 우리 민족은 다른 어떤 민족보다 활을 잘 만들고 잘 다루었기 때문이다. 우리 민족은 터 잡고 살아온 지리적 무대가 주로 산지 주변이 많아 산을 끼고 수렵과 농경을 병행하며 살았고, 다른 민족에 대한 침략을 거의 하지 않고 자연환경과 민족적 특성 때문에 전투를 하더라도 주로 산에다 쌓은 성안으로 들어가 수성 전을 벌였다. 수성 전에서 가장 유용한 무기가 바로 원거리 타격용인 활이었다. 활은 창이나 칼처럼 가까이서 피를 보지 않아도 쏘는 능력과 사용방법에 - 독화살, 불화살, 애기살 등 - 따라서 다른 무기보다 적게 훨씬 많은 치명상을 주거나 공포감을 불러일으킬 수 있었다. 서로 맞붙어서 피 튀기며 싸우지 않고도 최소의 비용과 희생으로 970여회의 외적을 물리칠 수 있는 효과적인 무기였던 것이다.

고대로 부터 우리 선조들은 뛰어난 손재주와 과학기술 능력을 발휘하여 청동과 강철의 제련 기술 정밀한 조각기술, 석조기술, 주조기술, 금속활자들에서 볼 수 있는 인쇄기술, 거북선이 상징하는 첨단 무기 제조 기술 등이 세계 최고 수준에 있다고 할 수 있다. 그중에서도 활의 제조기술은 상고시대부터 우리 역사와 깊은 관련이 있으며, 우리 활과 활쏘기는 역사 문화적으로 한 민족의 정체성을 형성하는데 가장 결정적인 요소 가운데 하나였다.

근대 스포츠에서 우리나라 양궁이 세계무대에 데뷔한 지 짧은 역사와 적은 선수층을 가지고도 지금까지 이어지는 우리나라 선수들의 독보적인 양궁대회 성적은 우리의 오랜 역사에서 비롯된 민족적 특성을 연결 짓지 않을 수 없을 것이다.

3. 국궁 공부(수련)가 청소년 전인 교육에 미치는 영향 또는 가능성

전통의 참된 가치와 의미는 옛것 그대로만 유지되는데 있는 것이 아니라 새로운 시대에도 적용하고 활용하는데 있다. 우리의 활쏘기가 옛 어른들의 전유물로 끝내 버리고 새로운 세대들에게 널리 수용되고 향유되지 못한다면 '죽은 전통'이 되고 말 것이다. 활쏘기가 우리 청소년들의 전인교육의 관점에서 살펴보면 상당히 유익하고 잠재력이 있다고 본다.

첫째, 건강하고 바른 몸:

요즘 우리나라 청소년들은 신체발달이 빠르고 영양상태가 좋으며 체격은 옛날에 비해 커졌으나, 근 골격계 질환이나 성인병이 늘어나고 심폐지구력이나 근지구력 질병 저항력 등은 오히려 약화되었다는 목소리가 높다. 한마디로 오래 힘쓰는 일에 약하고 잔병치례가 많다는 뜻이겠다.

건강악화와 체력저하의 원인으로는 유해식품증가, 환경호르몬 과다노출, 과도한 학습시간으로 인한 운동 부족이나 스트레스 등 여러 가지 있겠지만, 특히 학교에서 대부분 시간을 보내는 교실에 앉아 있을 때 허리를 굽히거나 삐딱하게 틀고, 어깨와 가슴을 앞으로 우그린 채 고개를 숙이고 있는 경우가 대다수 이다. 걸어 갈 때도 비슷하다. 고개는 유인원처럼 앞쪽으로 나오고 어깨는 앞으로 굽은 채 팔자다리를 벌리며 걷는 친구들이 많다.

요즘 계속 늘어나는 허리와 목의 디스크, 척추 측만증이나 위장과 대장 심폐기능의 약화와 복부 비만등도 이러한 근 골격계 이상에서 온다는 것이 전문가들의 견해라고 한다. 청소년 질병의 6~70%가 척추 또는 골반이 틀어지거나 제자리에서 벗어날 때에 시작된다는 진단이다.

이러한 잘못된 자세와 습관을 교정해 나가는데 매우 유익한 운동이 바로 우리 전통 활쏘기라고 생각된다. 전통 활쏘기의 기본자세는 먼저 두 발을 어깨 넓이(주먹 두개정도)로 벌린 채 비정비팔(非丁非八) 자세로 굳게 디디고, 척추와 가슴을 활짝 펴고 골반과 허벅지와 무릎에도 힘을 주어 버티고 선다. 목은 꼿꼿이 세워서 턱을 당기고 똑바로 정면을 쳐다본다. 두 팔을 높이 들어 크게 벌리고 시위를 만작자세로 당기고 화살을 쏜다.

이때 특히 골반과 하체에 힘을 주어 움직이지 않게 버티고 가슴과 어깨를 활짝 펴고 각 동작의 순서에 맞추어 깊은 호흡(단전호흡)을 하면서 활을 쏜다.

흔들림 없이 곧은 자세로 백해, 단전, 용추혈로 이어지는 세로축(목, 척추, 다리)과 균형 있게 움직이는 팔과 어깨로 이어지는 가로축이 허리 가운데서 만나 회전하면서 기운을 모았다가 폭발시키는 것이 활쏘기이다.

이 동작을 천천히 반복해서 수련하면 자연히 척추와 가슴과 어깨가 펴지고 골반이 제자리로 잡는데 도움이 되며, 각 뼈를 잡아주는 근육에는 힘이 붙는다. 여기에 깊고 천천히 이루어지는 호흡을 최대한 이용하면 내부 장기까지 긴장과 이완을 반복하면서 수련을 꾸준히 해나간다면 건강하고 바른 몸을 만드는데 크게 도움이 되리라 생각한다.

둘째, 스트레스 해소와 즐거움:

요즘 청소년들은 특히 학업과 진로에 대한 스트레스가 예전 세대보다 훨씬 심하다.

이들은 스트레스 해소를 위해 스마트폰, PC방, 영화관, 만화방등에서 스트레스를 많이 줄이고 있다. 좋지 않은 자세로 앉아서 눈을 혹사시키기에 몸은 더 나빠질 수밖에 없고, 내용마저 음란, 폭력물이 많다. 그럼으로 정신건강에 좋지 않은 영향을 미친다. 농구나 축구 등 운동으로 스트레스를 푸는 친구들은 아주 좋은 경우이다. 청소년들에게 활쏘기는 다른 어떤 운동이나 취미활동 못지않게 무엇보다 재미가 있고 즐거움을 줄 수 있다.

빈 활 당기기를 하면서 기본자세를 익히기까지가 좀 힘들지만, 이 과정을 마치고 일단 화살을 제대로 날려 보내기 시작하면 쾌감에 빠져드는 매력이 상당한 것이다.

그 쾌감을 기본적으로 화살을 활이라는 도구를 이용해 내가 원하는 곳에 빠르고 정확히 날려 보내는데서 오는 것인데, 유사한 운동으로 골프가 있는데 골프는 작은 공을 보내고, 활쏘기는 긴 화살을 보낸다. 골프채를 휘둘러 골프공을 멀리 날려 보내는 짜릿한 손맛과 공이 날아가는 것을 쳐다보는 즐거움이 있다.

활쏘기는 활로 시위를 가득 당겨 순간적으로 놓는 순간의 기분 좋은 손맛과 화살이 빠른 속도로 날아가 목표점에 명중하는 것을 볼 때의 기쁨이 골프와 다를 바 없다.

먼 과녁뿐 아니라 가까운 과녁을 쏠 때도 화살의 속도는 그대로이다.

이 부분이 골프와 차이점인데, 골프는 가까운 거리에 공을 보낼 때는 손에 힘을 많이 줄이고 속도도 줄인다. 그러나 활쏘기는 가까운 표적도 먼 표적과 별 차이를 두지 않는다. 이는 골프와 달리 언제나 극한의 비슷한 쾌감을 맛볼 수 있다. 활쏘기를 하는 시간은 몰입감과 해방감과 기쁨을 누리는 최고의 시간이 된다. 현대인들의 큰 병인 스트레스 해소에 더 없이 좋은 운동이다. 청소년들이 활쏘기로 스트레스를 해소한다면 정신건강과 심신수련은 물론 선조들의 혼이 담긴 전통문화를 이어가는 일석이조의 효과를 누릴 수 있을 것이다.

실력이 늘어남에 따라 목표치를 올리면서 더 어려운 과제에 도전하며 얻는 즐거움과 성취감은 무엇으로도 대신할 수 없을 것이다.

요즘 젊은이들 사이에 손으로 던지는 작은 화살인 다트게임은 경쟁하는 재미로 인기가 있다고 하는데, 활쏘기는 그러한 게임도 가능하다. 옛 선조들의 활쏘기에서 편사 놀이가 그러한 형태였다. 활쏘기는 다트 게임에선 맛볼 수 없는 손맛과 눈 맛, 그리고 건강한 몸만들기까지 덧붙여 가능하다는 점에서 다트보다 훨씬 좋은 운동이라고 할 수 있다.

셋째, 정신적 함양:

활쏘기는 어떤 운동보다도 기본기를 익히고 어느 정도 활쏘기를 즐길 수 있기까지는 반드시 많은 반복 연습의 고통이 따른다.

 빈 활을 당겨서 바른 만작 자세가 나올 때까지 사람에 따라 차이가 있지만 적어도 한 달 이상을 계속 같은 동작을 반복하며 활쏘기에 필요한 근육을 만들고 힘을 키워가야 한다. 활과 화살을 제대로 잡고 화살에 줄을 매달아 쏘는 주살질이나 3~5m의 가까운 거리에 과녁을 놓고 한곳에 화살이 꽂히도록 하는 고침 쏘기 등을 인내하며 참고 견뎌야 한다.

 쉽게 싫증을 내거나 지나치게 급한 성격의 소유자는 결코 활쏘기를 배울 수 없다. 하지만 활쏘기를 열심히, 제대로 배우면 이러한 성격도 얼마간 고칠 수 있을 것이다. 또한 활쏘기가 재미있다고 해서 지나치게 의욕이 넘쳐 훈련을 많이 하다가는 오히려 몸이 상하는 경우도 종종 있기 때문에 자기 몸을 살피면서 하고 싶은 것을 참고 절제하는 능력이 꼭 필요하다. 목표를 위해 얼마간의 고통을 참으며 활쏘기 수련을 계속하는 인내와, 하고 싶더라도 내 몸을 위해 참고 절제할 수 있는 마음이 꼭 필요한 것이다.

 다음으로, 우리 전통 활쏘기는 무엇보다 마음을 다스리고 집중해야하기 때문에 아동 청소년 교육에 큰 도움을 줄 수 있다.

 공자의 군자 교육론의 바탕이 되는 육예(六藝)즉<禮, 樂, 射, 御, 書, 數>를 말하는데 그중에서 활쏘기(射)와 말 타기(御)는 오늘의 체육에 해당하지만 그것보다도 활쏘기와 말 타기를 통하여 예의와 절도를 배운다는데 큰 의의가 있었다. 절제와 조화를 통해서 사람의 성정(性情)을 균형 있게 세우려는 의도가 활쏘기에 내포되어 있었다고 하겠다.

 처음에는 사냥 수단으로서의 활쏘기가 전쟁의 수단으로 발전이 되었고, 다시 총포의 발달로 인해 살상의 기능은 상실 했지만, 오히려 문무(文武)를 겸하며 내·외적으로 자기 발전을 이룰 수 있는 수단으로, 인간의 성정을 밝혀주는데 중요한 방법이었다는 점은 분명하다.

 활쏘기에서 예의를 갖추고 몸과 마음을 바르게 하는 일이 중요하므로 활터에는 사대 앞의 돌 비석에 정심정기(正心正氣) 선례후궁(先禮後弓)이라는 구절을 새겨 놓은 곳이 많음을 볼 수 있다.

 활터에 들어가고 나갈 때의 인사법, 활을 쏘는 순서, 활과 화살을 관리하고 놓아 주는 방법을 가르친다. 활을 당기기 전의 마음가짐이 바르지 못하면 연습의 효과는 적을 뿐 아니라 안전에도 문제가 있기 때문이다.

 일단 사대에 서면 언제나 마음을 엄숙하게 모으고 입을 닫으며, 얼마간의 긴장을 유지하는 가운데 연습을 해야 한다. 이런 분위기는 평소에 늘 산만하고 시끄러운 환경에 노출되어 있는 아동, 청소년들에게 색다른 경험이 될 수 있으며, 그들의 성품을 변화 시킬 수 있는 가능성을 열어 준다.

 활쏘기를 하면서 화살이 내 마음대로 가지 않고 과녁을 벗어나는 경우(發而不中)는 매우 흔하다. 이때는 다른 데서 원인을 찾아선 안 되고, 오직 내 마음과 몸자세 가운데 어디가 잘못되어 있는지를 돌아보아야 한다.(反求諸己)

요즘 청소년들은 마음먹은 일이 잘 안되거나 목표를 이루어 내지 못하면, 너무 쉽게 낙심하거나 외부에서 원인을 찾으며 불만을 갖는 경우가 많다.

그러나 활쏘기는 늘 진중함을 가지고 먼저 내안에서 잘못된 원인을 찾아야 하는 것이다. 그래서 옛사람들은 활쏘기가 지닌 그러한 속성과 미덕을 잘 알고 있었기에 반구저기(反求諸己)라 하였으며 무장(武將)들 뿐 아니라 아이들과 선비들까지도 활쏘기를 배우고 익혔던 것이다.

무엇보다 활쏘기는 패기와 자신감을 키워 줄 수 있다. 고대 동양의 풍속에 사내아이가 태어나면 뽕나무 활과 쑥대 화살을 만들어 하늘과 땅, 동서남북 4방향으로 화살을 쏘아 세상 가운데다 아이의 큰 뜻을 펼쳐내라고 기원을 했다고 한다. 오랜 수련 끝에 화살을 쏘아 자기가 원하는 곳에 쉽게 보낼 수 있다면, 누구나 자연스럽게 자신감과 패기가 생길 수 있을 것이다. 이 활쏘기의 능력을 청소년들이 가지게 된다면, 공부나 다른 예체능 분야와는 또 다른 맥락에서 자신감과 패기를 키울 수 있을 것이다. 옛날의 활쏘기는 무엇보다 세상을 다스리는 힘의 근원이었던 무예이고, 우리 선조들의 오래 된 정체성과 정신세계에 가장 쉽게 접근 할 수 있는 기예이기도 하였다.

4. 맺는말 : 남은 과제

수 천 년 변함없이 우리 선조들이 행해 왔고 발전시켰으며 거기에 땀과 숨결을 불어 넣었던 자랑스러운 우리 고유의 전통 활쏘기 문화가 우리나라와 세계인을 위한 스포츠로써 새로운 도약을 준비하기 위해서는 풀어야 할 과제가 많다.

① 첫 번째, 저변 확대와 대중화가 이루어져야 한다.

열악한 우리나라의 현실을 타개하기 위해서는 더욱 많은 청소년들이 국궁의 세계를 맛보고 경험하는 일이 매우 중요하다고 할 것이다.

횡성의 민족사관 고등학교나 파주의 한민고등학교와 같이 안목 있는 관리자들이 학교 설립 때부터 국궁 교육을 시작해서 적극 후원해 온 소수의 선도적 학교가 있는가 하면, 아예 관심조차 없거나 얼마간 있더라도 보통의 시설이나 안전 문제를 염려하는 노파심에 교육은 엄두를 내지 못하는 학교들이 대부분인 현실이어서 학교에서 국궁을 지도하는 학교가 얼마나 되는지 통계조차 없는 실정이다.

이러한 열악한 현실에서 다행인 것은 학교 체육진흥법이 제정되고 2013.1.27.학교 체육 진흥법 시행에 따라 전국학교 스포츠클럽 종목에 궁도 종목이 선정되었다.

일본은 총 2,122개 고등학교에 궁도부가 있으며, 66,846명이 등록되어 있고 중등부에는 1만여 명이 등록되어 사단법인 중, 고등학교 연맹으로 운영되고 있다.(일본궁도 교본 참고) 일본 문무성은 청소년들에게 일본의 전통문화를 존중할 목적으로 무도 전문대학에 무도학과를 개설하여 중, 고등학교 보건체육, 건강 운동 공인 스포츠지도사를 육성하고 있다.

중국의 창, 일본의 칼, 한국의 활이라고 하면서, 일본의 활 문화와 비교해 보면 궁도인의 한 사람으로서 동이(東夷)의 후손으로 안타까운 마음이다.

하루속히 전국의 370여개의 지역 국궁장(활터)에서 단거리 표적을 만들어 놓고 청소년들을 위해 활터를 활짝 개방해야 한다. 고침 쏘기 다음으로 표적의 거리를 10m, 20m, 30m....로 수련 정도와 능력에 따라 차츰 거리를 늘리면서 교육을 하면 초등학생도 능히 활쏘기를 할 수 있다.

천안 독립기념관에서는 초등 저학년부터 고등부까지 청소년을 위한 전국 국궁대회를 매년 9월에 독립군창설(1940.9.17.) 기념일 전후로 개최하고 있으며, 9월 첫 주 토요일에는 경북 학교스포츠클럽 종목에 경북교육감배 국궁 대회를 하고 있고, 11월에는 부산교육감배 대회도 하고 있지만 관심을 가지는 궁도인들은 많지 않다.

청소년은 활터에서 기피 대상이 아니라 미래의 주역으로 환영하고 올바로 지도하는 교육장이 되어야 국궁의 미래가 있다. 활터는 일부 기성세대만의 활터가 되어서는 안 되는 이유이다. 학교의 관계자들이나 교육부와, 교육청 관료들이 국궁의 대중화를 위해 제도적 뒷받침을 하여야 한다.

각 급 학교의 방과 후 수업이나 동아리에서 보조금으로 활과 화살은 물론 강사비도 적극 지원하고, 대한궁도협회나 대한체육회 관계자들은 소년체전과 학교스포츠클럽을 비롯하여 중·단거리 국궁 대회를 많이 열어 학생들이 활을 쏠 수 있는 기회를 만들어 주고 우수 입상자에게는 대학 입학에도 특전을 제공해야 한다.

현대의 기계문명 속에서, 꽉 막힌 입시체제하에서 나날이 몸과 마음이 황폐해져 가는 우리 청소년들이 국궁을 통하여 자랑스러운 선조들의 기개와 얼을 느끼고, 숨통을 틔우며, 몸과 마음을 건강하게 키워야 한다.

지금은 전쟁시대나 사냥시대가 아닌 스포츠시대로서 청소년에서 노년에까지 함께 즐길 수 있는 대중문화 생활체육 평생교육으로 인식의 개선이 있어야 국민에게 사랑받는 우리의 전통문화로 거듭날 수 있을 것이다.

다행히 2020년은 국궁계에 큰 변화가 일고 있다. 문화재청에서 국궁을 국가무형문화재 제142호로 지정했고, 노인체육진흥법 제정으로 노인들에게도 국궁의 기회를 제공하고 있으며, 전통무예진흥법으로 국궁의 계승 발전을 위하여 힘을 실어주고, 유네스코 등재와 국기화도 준비하고 있다.

② 두 번째, 사법의 표준화가 이루어져야 한다.

일본의 궁도는 백인 일색인 반면, 한국의 궁도는 사법이 표준화 되어 있지 않고 한마디로 백인백색이다. 한국의 궁도는 사법의 표준화가 되지 않은, 저마다 다른 사법으로 과녁 맞추기에만 열중하고 있는 실정이다. 『조선의 궁술』에 우리의 전통 사법이 전해져 오고 있지만 중국사법 일본사법 양궁사법 등이 혼합된 국적 없는 사법에 전통사법은 설자리를 잃고 과녁 사냥을 위한 게임문화로 전락하였다.

스포츠지도사 자격시험에서 실기 시험은 조선의 궁술에 의한 사법을 기준으로 테스트하고 지도자는 조선의 궁술을 기준으로 지도를 하여 사법의 표준화가 이루어져야 한국의 궁도가 세계인들에게 동이(東夷)의 명성을 되찾을 수 있을 것이다.

③ 세 번째, 국궁의 세계화가 이루어져야 한다.

국궁은 올림픽과 아시안 게임과 같은 국제대회가 없기 때문에 엘리트 체육이라고 할 수 없다. 국궁을 엘리트체육으로 세계화하기 위해서는 ①대중화 ②표준화를 바탕으로 체육 정책을 전환하는 제도적 뒷받침이 있어야 한다.

동이민족의 위상은 양궁의 세계제패를 넘어 국궁의 세계화가 진정한 동이민족의 위상을 세계에 알리는 것이다.

이미 세계 민족궁 연맹에는 35개국의 정회원국이 있고, 30여국과 정보 교환을 하고 있었다. 이 나라들에 국궁을 알리고 제도를 개선하고 확대하면 올림픽과 아시안 게임에도 출전할 수 있는 길이 열리고, 비인기 종목에서 인기 종목으로 국궁이 국민과 세계인에게 사랑받는 날이 오리라 기대한다.

□ 참고자료

강익구 외, 한국궁도사(궁도문화평생연구원, 2015)
김진권 외, 일본궁도교본(궁도문화평생교육원, 2016)
정진명, 우리활 이야기(학민사, 2015)
정진명, 전통 활쏘기(고두미, 2015)
정진명, 한국의 활쏘기(학민사, 2013)
정진명, 활쏘기 왜 하는가(고두미, 2018)

활쏘기의 유네스코 인류 무형유산 대표목록 등재[1]에 관하여

이승환(전 유네스코 아태 국제이해교육원 원장)

2020년 7월 30일 '활쏘기'가 국가 무형문화재 제142호로 지정되었다. 문화재청은 '우리나라 활쏘기는 고구려 벽화와 중국 문헌에도 등장하는 역사가 길고 활을 다루고 쏘는 방법과 활을 쏠 때의 태도와 마음가짐 등 여러 면에서 고유한 특성이 있으며 현재까지도 그 맥을 잇고 있는 문화자산'이라는 점에서 국가 무형문화재로 지정할 가치가 있음을 밝히고 있다.

우리 민족의 자랑스러운 활쏘기 문화가 뒤늦게나마 국가 무형문화재 지정된 것은 매우 기쁜 일이다. 이번 지정으로 더욱더 많은 사람이 우리 활쏘기 문화의 가치를 알게 되고 이를 즐기고, 이어가고 더욱 발전시켜 갈 수 있기를 바라는 마음이다. 또한, 이번 지정으로 우리 활쏘기 문화의 유네스코 인류무형문화유산 등재에 관한 관심이 높아지고 있다. 그런데 유네스코 인류무형문화유산 등재의 의미에 대해 잘못 알고 있는 경우가 많다. 유네스코 등재가 곧 우리 활쏘기의 세계적 우수성을 인정하는 것으로 생각하는 것이 대표적 경우이다.

이 글에서는 유네스코 등재사업의 전반과 인류무형유산 등재사업을 소개하고 한국의 인류문화유산 등재 현황과 함께 우리 활쏘기 문화의 등재 방안, 절차와 신청서 양식 등을 검토하고 등재 준비 과정에서 중요하게 고려해야 할 사안들을 살펴보고자 한다.

1. 유네스코는 어떤 기구인가?

인간은 불과 한 세대 동안 세계 대전을 두 번이나 일으켰다. 전례가 없는 참상이었다. 수 없는 생명이 이유 없이 죽었고 고통을 받았다. 인류는 반성과 함께 이 세계에 다시는 전쟁이 있어서는 안 된다는 데 의견을 모았고 이를 위해 설립한 것이 국제연합이라 할 수 있다.

유네스코는 한 걸음 더 나가 정치적·경제적 차원의 평화 유지체제의 한계를 지적하며 인간 마음에 평화의 문화를 심어 항구적인 평화를 이루는 데 기여하자는 원대하고 고귀한 이상을 내

---

[1] 유네스코 무형문화유산 등재 목록에는 긴급보호목록, 인류무형문화유산 대표목록, 모범사례목록이 있으며 이 글에서는 인류무형유산 대표목록 등재를 유네스코 인류문화유산 등재로 축약하여 사용하기로 한다.

세우며 1945년 11월 런던에서 '전쟁은 인간의 마음에서 시작한다. 따라서 평화의 구축도 인간의 마음에서 시작되어야 한다.'라는 내용으로 잘 알려진 헌장을 채택하며 희망차게 시작하였다.

교육, 과학, 문화 분야의 국제협력 강화를 목적으로 한 유네스코는 이러한 지적 자산들이 상호 지배의 수단이 아니라 상호 이해 증진과 우애와 화합의 수단이 되어야 한다는 생각이었으나 현실 세계 정치에서 실현되기 어려운 이상이었다.

미국은 이러한 유네스코의 설립을 주도했고 상당한 예산을 지원해 왔으나 두 차례에 탈퇴 결정으로 유네스코는 위기 상황을 맞고 있다.[2] 유네스코는 정규예산의 절대적 부족으로 사업을 안정적으로 제대로 하기 어려운 상태에 처해 있다. 이렇게 어려운 상황에서도 유산 등재사업은 회원국들의 많은 관심을 받고 있다.

유네스코 유산 등재사업은 세계유산, 인류 무형유산과 세계 기록 유산이라는 영역에서 추진되고 있으며 모두, 오랜 시간에 걸쳐 세계 곳곳에 다양하게 나타나고 있는 인류의 소중한 유산들을 인류의 공동 유산으로 인식하여 이를 잘 지켜내어 후대에 물려줄 수 있게 하는 데 국제적 노력을 함께 하자는 것이라 할 수 있다.

그러나 이 3가지 유산 보호 사업은 각각 그 근거와 목적과 등재 대상과 등재 기준이 상이해서 혼동을 가져올 수 있다. 특히 우리나라 경우는 이 3가지 유산 등재사업에 모두 활발하게 참여하고 있어 많은 사람이 잘못 이해할 수 있어 그 특징들은 살펴볼 필요가 있다.

2. 유네스코 세계유산

유네스코는 196년대 이집트의 대규모 Aswan 댐 건설로 수몰 위험에 처한 Nubia 문화 유적을 구하기 위하여 대규모 국제 캠페인을 전개하였고 이들을 고지대로 해체 이전하는 데 성공하였다. 이를 계기로 1972년 인류의 소중한 유산 보호를 위한 <세계 문화 및 자연 유산 보호 협약>을 채택하였다. 이 협약의 목적은 인류 역사상 중요한 가치를 지닌 유산을 인류 공동 유산으로 등재하고 이를 보호하는 데 있다. 여기서 등재 대상으로 명시하고 있는 세계유산은

1) 이동 가능하지 않고(immobile)
2) 탁월한 보편적 가치(Outstanding Universal Value OUV)

---

[2] 미국은 유네스코가 정치화한다는 이유로 1985-2002 동안 탈퇴하여 있었으며 당시 유네스코 정구예산의 25퍼센트를 부담하고 있었다. 20018년 팔레스타인의 유네스코 회원국 가입 조치에 반대하며 2차 탈퇴를 하였고 아직 비회원국 상태이다.

를 지녀야 한다는 점이다. 또한, 문화유산의 경우 재질이나 기법에서의 원래 가치를 보유하는 진정성(authenticity)을 강조하고 있다.

2019년 7월 현재 세계유산은 전 세계 167개국에 분포되어 있으며, 총 1,121점(2019년 등재 기준) 가운데 문화유산이 869점, 자연유산 213점, 복합유산이 39점이다. 한편 위험에 처한 세계유산목록에는 총 53점(2019년 등재 기준)이 등재되어 있다.

우리나라의 세계유산은 '해인사 장경판전(1995년)', '종묘(1995년)', '석굴암·불국사(1995년)', '창덕궁(1997년)', '수원화성(1997년)', '고창·화순·강화 고인돌 유적(2000년)', '경주역사유적지구(2000년)', '제주 화산섬과 용암동굴(2007년)', '조선왕릉(2009년)', '한국의 역사마을: 하회와 양동(2010년)', '남한산성(2014년)', '백제역사유적지구(2015년)', '산사, 한국의 산지승원(2018년)', '한국의 서원(2019년)'으로 총 14점이 있다.

3. 세계 기록유산

세계 기록 유산은 유네스코가 1992년부터 추진해온 '세계의 기억(Memory of the World MOW)' 사업의 일환으로 추진되었다. 인류의 유산 중에서 중요한 의미를 지닌 기록유산들을 찾아 이를 등재함으로써 보존과 관리를 강화하고 그 중요성을 국제사회에 알리는 데 목적이 있다. 등재 기준으로는 세계적 영향력을 중시하며 유산의 진정성과 독창성이 중요한 등재 기준이다. 세계기록유산 목록은 전 세계적으로 124개국 및 8개 기구 432건(2017년 등재기준)에 이른다.

우리나라의 세계기록유산은 훈민정음(1997년), 조선왕조실록(1997년), 직지심체요절(2001년), 승정원일기(2001년), 해인사 대장경판 및 제경판(2007년), 조선왕조의궤(2007년), 동의보감(2009년), 일성록(2011년), 5.18 민주화운동 기록물(2011년), 난중일기(2013년), 새마을운동 기록물(2013년), 한국의 유교책판(2015), KBS 특별생방송 '이산가족을 찾습니다' 기록물(2015), 조선왕실 어보와 어책(2017), 국채보상운동기록물(2017), 조선통신사 기록물(2017)로 총 16건이 있으며 세계에서 네 번째, 아태지역에서는 첫 번째로 많다.

4. 유네스코 무형유산 사업

1982년 멕시코시티에서 열린 세계 문화정책 회의에서 문화를 '사회와 사회집단을 특징짓는 뚜렷한 정신적, 물리적, 지적, 정서적 특성의 총체'로 정의하고 문화유산에 대한 서열적 접근을 지양하고 문화적 다양성의 존중을 강조했다. 문화에 대한 새로운 정의를 시도한 이 회의에서 '무형유산'이라는 단어가 처음 사용되었다.

2001년에는 '문화 다양성 선언'이 채택되고 이는 2003년 국제협약인 '유네스코 무형유산 보호 협약' 채택으로 이어져 이제까지 잘 인식되지 않고 있던 무형유산의 중요성과 그 보호의 필요성을 국제사회에 알리는 결정적인 역할을 하게 된다.

1982년 무형유산의 중요성이 제기된 지 2003년 협약이 채택되기까지 20년이 넘는 오랜 시간이 걸린 것은 세계 유산협약에서 다루는 유형 유산과 달리 무형유산은 그 개념을 정의하는 것 자체가 쉽지 않은 이유도 있다고 생각한다.3)

유네스코 무형유산 협약에서는 "무형문화유산이라 함은 공동체와 집단이 때로는 개인이 자신의 문화 유산의 일부로 보는 관습·표현·지식·기능 및 이와 관련한 전달 도구·사물·공예품 및 문화 공간을 말한다."라고 정의하고 있으며 그 특징으로

1) 세대 간 전승되며
2) 공동체 및 집단이 환경에 대응하고 자연 및 역사와 상호작용하면서 끊임없이 재창조되고
3) 공동체와 집단에 정체성 및 지속성을 부여하고
4) 문화적 다양성과 인류의 창조성을 증진한다.
5) 이 협약의 목적상 기존 인권에 관한 국제규범과 상호 존중 및 지속가능한 발전 요구와 양립하는 무형문화유산만이 고려된다.

또한, 무형 문화유산을 다음과 같이 다섯 범주로 구분하고 있다.

1) 무형문화유산의 전달 수단으로서 언어를 포함한 구전 전통 및 표현
2) 공연 예술
3) 사회적 관습·의식 및 축제
4) 자연과 우주에 대한 지식 및 관습
5) 전통 공예 기술

인류 무형문화 유산 대표목록 등재 기준으로 다음 5조건을 명시하고 있다.

R.1 2조에 명시된 무형문화유산의 정의를 충족한다.

---

3) 서구의 많은 국가들이 협약 채택에 무관심하거나 반대 의사를 보였었다. 이후 국제사회의 관심이 높아져 2020.11월 현재 가입 국가가 180개국으로 크게 증가하였으나 아직도 미국, 영국, 러시아 등 일부 주요 국가들이 협약에 가입하지 않은 상태이다.

R.2 등재되면 해당 유산의 가시성 확대, 무형유산의 중요성에 대한 인식 제고, 문화 간 대화에 기여하며. 따라서 세계 문화다양성을 구현하고 인류 창의성을 증명할 것이다.

R.3 해당 유산을 보호하고 증진할 수 있는 보호 조치가 마련되어 있다.

R.4 등재 신청 과정에 관련 공동체, 집단 또는 개인의 가능한 한 광범위한 참여가 있었고, 그들은 충분한 설명을 제공받은 후 자유의지에 따라 등재에 대한 사전 동의도 했다.

R.5 해당 유산은 제출 당사국의 무형문화유산 목록에 포함되어 있다

대표목록 등재 신청 당사국은 등재 신청서를 통해 해당 유산이 다음의 기준을 모두 충족한다는 것을 보여야 한다.

위에서 살펴본 바처럼 인류 무형유산은 그 개념이 세계유산이나 기록유산과 매우 상이하며 등재 기준에 있어서도 세계유산에서 요구하는 탁월한 보편적 가치와 진정성, 기록유산에서 요구하는 세계적 영향력이나 진정성과는 현격히 차이가 있음을 알 수 있다.

유네스코는 인류 무형유산 등재사업을 함으로써 국제사회에 무형유산의 중요성을 알리고 문화 간 대화를 촉진하여 세계 문화다양성 증진과 인류 창의성을 증명하고 고양하고자 하는 데 목적이 있다.

협약에 명시되어 있음에도 불구하고 일부 회원국들이 대표목록 등재가 마치 국가 종주권을 갖는 것으로 오해하여 국가 간 갈등을 야기하는 경우도 있으나 대표목록 등재는 종주권이나 배타적 권리의 인정이 아니라는 점을 분명히 하고 있다.[4]

6. 한국의 유네스코 인류 무형유산 대표목록 등재 현황

인류무형문화유산 대표목록에 등재된 무형유산은 전 세계 124개국 463건(2019년 등재 기준)에 이른다.

한국은 유네스코 인류무형문화유산 대표목록에 총 20개의 종목이 등재되어 있으며, 2005년 협약 당사국 중 세 번째로 많은 종목이 등재되어(중국 32종목, 일본 21종목) 과등재국으로 분류되어 등재 신청이 2년에 1개 종목만 할 수 있도록 제한되어 있다.

유네스코 인류 무형유산 대표목록의 등재신청 대상 선정은 문화재청이 2019년 9월 3일부터

---

4) In fact, the Committee was confronted with this type of misunderstanding on multiple occasions and therefore felt that it was necessary to remind States that an inscription was not intended to establish a system of ownership and that it did not imply exclusive ownership of a cultural expression. (LHE/19/14Com/14 paris, 8 Nov.2019)

10월 20일까지 공모를 통해 접수된 9건의 유산과 지난 2010년에서 2012년에 걸쳐 제출 후 유네스코의 심사 건수 제한 도입으로 심사받지 못하고 계류 중이던 23건의 유산을 합쳐 총 32건에 대해 진행되었다. 문화재청은 2019년 12월 10일 문화재위원회 세계유산분과 - 무형문화재위원회 연석회의에서 2020년 등재 신청 종목으로 '한국의 탈춤', 2022년 등재 신청 종목으로 '한국의 전통 장(醬)문화'를 선정하였다.

7. 활쏘기의 유네스코 무형유산 등재 방안

단독 등재

단독 등재를 추진하는 2년에 1건이라는 신청 건수 제약과 국내 선정 과정을 거쳐야 하며, 따라서 가장 빨리 등재되는 경우 문화재청에서 주관하는 2024년 신청 대상 종목으로 선정되어 2026년에 유네스코의 심사를 받는 일정이다.

공동 등재

그러나 다른 국가와 공동 등재하는 경우는 2년에 1건이라는 제약에 해당되지 않으며 유네스코에서도 공동등재를 장려하고 있다는 점에서 적극 고려할 사안이다.

한국이 등재하고 있는 20건의 유산 중 매사냥, 줄다리기와 씨름이 공동 등재되어 있고 이 중에서 씨름은 남북한 공동 등재의 경우이다.

현재까지 1)남북한 공동 등재 2)2019년 등재한 터키 활쏘기 유산에 터키의 동의를 얻어내 공동등재 3)몽골이나 중앙아시아 국가를 포함하는 '각궁' 계열 활 문화를 중심으로 한 공동 등재 방안이 거론되고 있다.

1) 남북한 공동등재의 경우 남북한이 장구한 역사와 문화를 지닌 민족공동체임을 국제사회에 알리는 중요한 기회이며 남북한의 평화체제 구축에 기여한다는 점에서 권장할 만하다. 아줄레이 유네스코 사무총장도 2018년 "씨름의 남북한 공동 등재는 남북한 화해에 기여함으로써 문화유산이 평화구축에 역할을 할 수 있음을 보여준 상징적인 사건이다."라고 언급한 바 있다. 그러나 남북한 공동등재 방안은 남북 관계라는 정치적 상황 변화에 크게 좌우될 수 있으며 또한 북한에서 전통 활쏘기에 대한 관심과 보호 및 전승 현황 등에 대한 검토가 필요하다. 현재 '활쟁이'라는 종목이 비물질 문화재로 지정되어 있고 활쏘기에 대한 관심이 상당하다는 정도 알려진 상태이다.

2) 2019년 등재된 터키 활쏘기 문화에 추가로 등재하는 안은 우선 터키 정부의 동의를 얻어내야 하며 추가 등재 과정에서 한국 활쏘기 문화를 소개하는 데 제약이 예상될 수 있다.

3) 한국이 주도하여 몽골과 중앙아시아 국가 등 각궁 계열 국가를 중심으로 공동 등재를 추진하는 안은 2007-2017년 세계 민속 궁 대회, 2015년부터 세계 전통 활쏘기 대회 개최 등 전통 활 부흥에 중심이 되어 온 한국이 앞으로도 전통 활 문화 발전에 기여할 수 있는 역량을 보여준다는 점에서 의미가 있다. 그러나 공동 등재 참여 국가의 선정과 이들 국가의 전통 활쏘기 전승 상태와 보호 조치 등 공동 등재에 필요한 여건을 마련하는 데 시간이 걸린다는 점을 고려해야 한다.

살펴본 바와 같이 활쏘기의 유네스코 등재 방안으로는 단독 등재와 함께 공동 등재 방안이 있으며 이들 각각 나름의 장단점이 있으므로 열린 자세로 검토하여 결정을 하여야 할 것이다.

8. 등재 절차와 등재 신청서 양식 검토

단독 등재나 공동 등재 모두 등재 신청서를 신청년도 3.31까지 유네스코 사무국에 제출해야 하며 사무국은 신청 당사국에 신청서가 완전하지 않을 경우, 그 보완을 요청하고 당사국은 9.30일까지 부족한 부분을 보완하여 제출해야 하며 다음 해 전반기에 평가기구의 평가를 거쳐 11-12월에 열리는 집행위원국 회의의 심의를 거쳐 등재 여부를 결정하게 된다.

등재 신청 유산에 대한 평가와 심의는 신청서를 중심으로 이루어지므로 신청서에 적시한 내용이 협약에 명시된 등재 기준에 부합하는지의 여부가 중요하다.

신청서는 그 양이 A4용지 20매 정도로 요구 내용은 다음과 같다.

1. 신청 유산 이름/ 관련 공동체 이름/ 유산의 지리적 위치와 범위
2. 신청 유산의 소개: 유산의 해당 범주 명시 및 특징, 전승자와 전승방법, 공동체의 의미
3. 유산의 가시성 확대 및 문화 다양성 기여
4. 유산 보호 정책과 장치
5. 보호책임 기구
6. 등재 준비 과정에 공동체 참여
7. 유산 보호 목록에 포함 여부

신청서 본문 이외에 필수 첨부 문서로

1. 공동체 동의서
2. 유산 목록에 등재 확인 문서

3. 해상도 높은 최근 사진 10 매;
4. 사진 이용 허가 문서;
5. 5-10 분 길이 동영상
6. 동영상 이용 허가 문서

선택사항으로 주요 간행물 목록을 요구하고 있다.

9. 활쏘기의 등재 준비 과정에서 고려해야 할 주요 사안들

이제까지 활쏘기의 무형유산 등재를 준비하기 위하여 유네스코 무형유산보호 협약을 중심으로 무형유산의 정의와 특징, 범주와 등재 기준 등을 살펴보았다. 또한 현재 한국의 유산 등재 현황과 등재 신청과 관련된 조건과 다양한 등재 방안에 대해서도 검토해보았으며 등재 절차와 등재 신청서 내용과 양식에 대해서도 살펴보았다.

등재를 준비하는 과정에서 논의하고 결정할 일들이 많이 있다. 등재 신청 시기, 등재 대상, 등재 방안, 등재 신청서 작성 내용, 활쏘기 문화 소개 사진과 동영상 제작 등 준비하고 결정할 사안이 많을 뿐 아니라 심도 있는 검토와 논의가 요구되는 중요한 사안이다.

또한, 등재 신청서 작성 등 준비과정에서 종주권 문제나 인권 문제나 지속 가능 발전 문제 등 세계 보편 윤리에 적합 여부도 유의해야 할 것이다.

유네스코에서는 등재 신청 준비과정에 관련 활쏘기 문화 관련 공동체들의 광범위한 참여를 강조하고 있다. 활쏘기는 누구나 즐길 수 있다는 점에서 보유자와 보유단체를 인정하지 않는 국가무형문화재로 지정되었다. 활쏘기와 관련된 많은 공동체와 집단이 있다. 이들의 적극적인 참여를 이끌어내고 다양한 의견들을 나누고 발전시키고 또 수렴해가야 할 것이다.

또한, 이러한 과정을 통하여 등재의 필요성과 방안에 대한 국민적 합의를 이끌어내어야 할 것이다. 이러한 일이 활쏘기 관련 공동체에서 해야 할 일이다. 이러한 등재 준비과정이 매우 힘든 시간일 수 있으나 우리 활쏘기 문화를 깊이 성찰해 보고 바람직한 발전 방향을 논의하는 좋은 기회가 될 수 있다고 생각한다.

근대 국궁사 시대 구분론

정진명(온깍지아카데미 총장)

1. 머리말	6)개량궁의 등장과 입승단 제도
2. 시대 구분의 기준과 실제	7)국궁과 양궁 분리
1) 갑오개혁	8)1990년대 활쏘기의 논리화
2)황학정 사계 출범	9)전통에 대한 인식 변화와 문제의식
3)조선궁술연구회	10) 세계 민족궁 대회 및 세미나
4)조선궁도회	3. 맺음말
5) 해방과 분단	

1. 머리말

우리 활의 발자취는 5천년이 넘기 때문에 그 동안 변화해온 것을 정리하는 것도 굉장한 일이다. 그렇지만 학문은 개론과 통사를 통해서 완성되는 만큼 언젠가는 해야 할 작업이기도 하다. 그런 점에서 나는 <국궁사 시대 구분론>을 꽤 오래 전에 발표했다.[1] 그렇지만 이렇다 할 반응은 없는 형편이다.

그러는 중에 최근 들어 인터넷을 비롯한 새로운 매체에서 전통에 대한 의문이 계속해서 논란이 되는 가운데, 억측과 추리가 난무하여 사실과는 거리가 먼 주장들이 세월의 때를 타면서 자칫 그것이 사실로 오인될 우려가 깊어졌다. 특히 근대는, 우리가 사는 생활 시기의 연장선인데도 기록이 없는 국궁계의 특성상 구사들의 의견에 의지해 과거를 재구성해야 하는 사정과 경향 때문에 시대가 오늘과 가까운 데도 오히려 더 사실이 왜곡될 수 있는 우려가 커졌다. 그런 점에서 근대 활쏘기가 어떻게 흘러왔는가를 살피는 일은 중요해졌다. 그렇지만 활쏘기 단체의 기록이 공개되지 않고, 오래된 자료들은 사라져서 우리의 근대 활쏘기를 살피기도 쉽지 않은 상황이 돼버렸다.

격동을 거친 우리 근대사와 마찬가지로 국궁도 짧은 사이에 격심한 변화를 겪었다. 그래서

---

[1] 『국궁논문집』 제5집(온깍지궁사회, 2007); 『활쏘기의 나침반』(학민사, 2010) 125~148쪽.

그런 변화의 마디를 정리해놓지 않는다면 앞으로 갈수록 왜곡과 오해가 일어날 수 있기에 이쯤에서 근대 국궁의 흐름과 관련된 시대 구분에 한 번쯤 고민하고 정리해야 할 필요가 있지 않을까 싶어서 나의 생각을 먼저 내놓는다.

2. 시대 구분의 기준과 실제

역사는 아무래 객관성을 표방해도 사실을 있는 그 자체로 볼 수 없다. 그래서 과거 사실을 볼 때도 어떤 기준을 먼저 세워야 한다. 그렇다면 근대 국궁의 흐름을 살피는 데는 어떤 관점을 취해야 할 것인가? 가장 먼저 눈여겨보아야 할 것은 제도화이다. 근대는 자본의 이합집산으로 꿈틀거리며 흘러온 세월이고, 그런 꿈틀거림을 구체화한 배경이 국가이다. 국가란 자본이 움직이는 표준을 정하고 그에 따라 자본의 흐름이 어떤 모습을 갖추어가는 배경이 되기도 한다. 이 때의 모습이란 다름 아닌 제도이다. 근대는 자본의 출현과 동시에 그런 움직임을 통제할 수 있는 제도를 양산하게 된다. 따라서 그런 제도를 만들고 운영하기 위한 최소 단위로 국가가 필요해지고, 국가는 자본가들과 분쟁과 조정을 해가면서 오늘까지 사람의 삶을 규제하는 가장 확실한 자리를 차지했다.

스포츠도 이러한 제도의 한 축이어서 근대화란 그 이전의 무예를 비롯한 신체 활동이 국가라는 제도가 요구한 형태로 자리 잡아가는 과정과 그 결과를 초래하게 된다. 그래서 근대 스포츠도 국가의 흥망과 연관이 깊고 그런 역동성이 다양한 형태로 작용하면서 국가주의의 이념을 수용하는 형태로 자리 잡는다. 따라서 활쏘기의 흐름을 살펴보면 활에서도 큰 변화가 일어나는 마디에서는 활쏘기 안팎의 요인이 작용하여 큰 확인 가능한 흔적을 남긴다. 시대 구분도 활쏘기 내부의 큰 변화를 살펴야겠지만, 그런 변화가 어떻게 하여 일어나게 되었는가 하는 점은 활쏘기 외부의 여건까지 아울러 살펴야 한다. 세부의 논의는 좀 더 오랜 기간을 두고 검토해야겠지만, 이런저런 요인을 감안하여 근대 국궁의 흐름을 몇 가지 마디로 나누어 보면 다음과 같다.

1894년 갑오개혁 : 무과에서 활쏘기 제외
1898년 하인리히 황태자 방문과 황학정 사계 출범
1928년 조선궁술연구회
1932년 조선궁도회
1945년 해방 및 분단 : 북한에서 사실상 활쏘기 사라짐.
1958년 한국일보 후원 제1회 전국 남녀 활쏘기 대회
1966년 대한궁도협회 사무실 이전(황학정에서 체육회관으로)

1968년 과녁 및 거리 규정 변화
1970년대 개량궁의 등장과 단 제도 실시
1983년 국궁과 양궁 분리
1990년대 활의 논리화와 인터넷 소통의 시작과 담론의 다변화
2001년 온깍지궁사회 출범. 전통에 대한 의문과 해결과정 시작
2007년 세계민족궁대회('생활체육궁도연합회' 출범과 소멸)

1) 갑오개혁

갑오(1894)년은 근대사의 격동을 동전의 앞뒷면처럼 보여주는 해이다. 두 가지 변화가 동시에 일어난다. 국제정세의 격변과 왕정 내부의 부패로 자신을 지킬 힘이 없는 늙은 왕국이 마지막으로 꿈틀거리는데, 그것이 갑오년의 통치체제 개편이다. 집권층은 서구 열강의 침입에 맞서기 위해 통치 구조를 서양식으로 하여 행정체제를 개편했다. 그와 동시에 일본 의존도가 높아지면서 재정은 더욱 빈약해지고 백성들의 삶은 도탄에 빠져 같은 해에 결국은 동학 농민군들이 봉기하기에 이른다.

우리가 국사 시간에 무심한 듯이 배우는 이 사건이 활쏘기에서 의미를 갖는 것은, 갑오년의 개혁 때 활쏘기가 무과에서 폐지되기 때문이다. 이때까지만 해도 활쏘기는 전국의 지역과 지방을 장악하는 아주 중요한 존재였다. 즉 무과라는 당장의 현실이 있고, 그 목표는 뚜렷하여 모든 사람의 욕망을 성취할 수 있는 마지막 수단이었다. 그래서 무과를 준비하는 한량들이 전국에서 활쏘기를 수련했고, 그들에게 각 지역에서는 후원을 아끼지 않았다. 조선 후기에 발견되는 수많은 사계들은 모두 이들의 입신양명을 후원하기 위한 장학회 노릇을 하는 모임들이었다.[2]

그렇지만 무과에서 활쏘기가 제외됨으로써 현실의 강한 유인책이 사라지자 전국의 활터는 순식간에 몰락을 맞는다. 그 속도가 얼마나 빠르고 심했는가 하는 것은, <비로 쓸어버린 듯하다>는 표현을 통해서 엿볼 수 있다.[3] 5천년을 이어온 활쏘기가 이제 효용을 다하고 역사의 뒤안길로 사라지게 된 것이다.

따라서 이 사건을 계기로 활쏘기는 다른 형태로 존재의 이유를 바꿀 수밖에 없는 상황으로 내몰린다. 무기의 기능을 버린 활쏘기 존재하는 이유란 스포츠일 뿐이다.

---

2) 정진명, 『활쏘기의 나침반』, 학민사, 2010. 182쪽
3) 이중화, 『조선의 궁술』, 조선궁술연구회, 1929.

2) 황학정 사계 출범

아관파천 직후인 고종 34(1897)년 대한제국이 출범한다. 나라의 실정은 비록 남의 나라 외교관에 보호를 받은 상황이었지만, 열강들의 수많은 속셈 속에서도 새로운 전기를 마련하기 위하여 고종은 황제의 자리에 오른다. 그리고 다른 나라와 외교를 맺는데, 이듬해인 1898년에 독일 황태자 하인리히가 조선을 방문한다. 조선을 방문한 독일 황태자는 황제를 만나서 조선을 대표할 무예를 보여 달라고 요구한다. 이에 황제는 즉각 활쏘기를 추천한다. 그렇지만 1894년에 무과 폐지로 활 쏘는 사람들을 보기 힘들어진 상황에서 장안의 다섯 궁사를 불러들여 활쏘기 시범을 보인다. 150미터 밖의 과녁을 꽝꽝 맞히는 무사들의 실력을 보며 감탄을 하던 중 황태자는 스스로 활을 당겨 쏴본다. 맞지 않자 계속해서 활을 당겨 쏘는데, 마침내 50시째 이르러 1발을 맞춘다.

이날 황태자는 황제에게 조선의 활쏘기에 대해 덕담을 하고 돌아간다. 이에 고무된 고종은 활쏘기를 장려하라는 윤음을 내린다. 이때의 내용이 중요하다. 활이 무기로서는 제외되었지만, 백성들의 체육을 위해서 장려해야 한다고 했다는 점이다. 활쏘기가 무기체계로부터 제외된 뒤 어떤 용도로 살아나느냐 하는 것을 거의 결정하다시피 한 발언이기 때문이다. 황제의 이 지시는 즉각 하달되고 실무진이 만들어지면서 활터가 부활한다. 이때 경희궁 담장에 있던 활터가 황학정으로 부활하고, 이들을 후원할 사계가 꾸려지며, 그 사계장을 당시의 총리이던 민영환이 맡는다. 그런 기록이 1899년 <황학정 사계>라는 팸플릿으로 남았다.[4]

황학정 사계는 전쟁 무기인 활이 체육으로 체질을 전환하는 분명한 지침과 목적을 드러냈다는 점에서[5] 우리나라 근대 스포츠 역사에서도 기억될 만한 일이다. 대한체육회의 역사에서도 아마 가장 빠른 시기의 기록이 아닐까 짐작된다.

1916년의 경성 관덕회도 눈여겨볼 만한 일이다. 여기서도 분명히 활쏘기를 체육의 개념으로 장려한다는 선언이 나온다. 조중응이 사계장이고 매국노로 잘 알려진 이용완 같은 이름들이 보인다. 이때쯤이면 황학정의 사계가 이들에 의해 장악되었음을 볼 수 있다.[6] 아마도 이것은 을사조약과 함께 민영환이 자결한 1905년 이후에 사계도 이들에 의해 장악되었음을 보여주는 것이고, 사계는 정치권의 움직임에 많은 영향을 받았음도 엿볼 수 있는 대목이다.

---

4) 『황학정 사계 규정』
5) 김기훈, 「『황학정 사계 규정』의 내용과 그 역사적 의의」 『국궁논문집』 제8집(온깍지궁사회).
6) 정진명, '자필 이력서로 본 성문영 공', 『활쏘기의 어제와 오늘』, 고두미, 2017. 166~168쪽

3) 조선궁술연구회

1928년의 조선궁술연구회 결성은 근대 활쏘기의 큰 전환점이자 디딤돌이다. 조선을 끝까지 지키려던 민영환 일파가 민영환의 죽음과 함께 몰락하고 결국 나라를 일본에 팔아버린 세력에게 권력이 넘어가자 사계도 이들의 수중으로 돌아간다. 이 사이의 갈등은 성문영의 행적에서 어느 정도 엿볼 수 있다. 경성관덕회에서 주관한 편사에 황학정의 편수인 성문영이 참여하지 않음으로써 이런 정치색을 분명히 하게 된다. 당시 신문에 보도될 정도이니 성문영의 편사 불참은 분명한 계산에 의해서 이루어진 것이다.7) 그리고 1928년에야 비로소 조선궁술연구회라는 활쏘기 모임이 등장한다.

다른 체육단체나 조직에 비해 활쏘기 단체의 출현은 굉장히 늦은 편이다. 아마도 앞서 말한 권력의 변화에 따른 영향을 보인다. 1916년의 경성관덕회는 그 후에 특별한 활동 없이 사라진다. 그 이유는 이들의 모임이 활쏘기 자체에 있는 것이 아니라 정치인 친목을 위한 기능으로 사계를 운영하였기 때문이다. 그래서 사계인 경성관덕회는 활쏘기보다는 다른 일에 더 집중된 것이고, 그래서 그들은 여건만 주어지며 언제든지 활쏘기를 버릴 수 있는 상황이었다. 예상대로 이들은 같은 해 말에 출범한 대정친목회로 대거 이동한다.8) 대정친목회의 명단을 보면 관덕회의 명단과 거의 대부분 일치한다.

결국 이들 정치인들이 빠져나간 자리에 성문영이 돌아온 것이며, 조선의 마지막 충신 민영환과 함께 정치 생활을 끝낸 성문영이 스포츠 인으로 세상에 다시 등장한 계기가 바로 조선궁술연구회인 셈이다.

그런데 모임 이름을 검토해볼 필요가 있다. 단순히 조선궁술회가 아니라 조선궁술'연구'회인 것이 특별히 눈길을 끈다. 이것은 연구에 해당하는 어떤 행위를 하려는 것인데, 그 이름이 목적하는 바가 그 이듬해 일어난다. 즉 『조선의 궁술』 간행이다. 스포츠를 실천하려고 모인 것이 아니라, 어떤 기록을 남기려고 모인 것이라는 점이 독특하다. 이것은 2가지의 절박한 상황과 연관된 결과로 보인다.

첫째, 무과에서 폐지된 이후 활에 관한 기록이 없다는 것이고, 이것은 활의 기준을 어떻게 설정해야 하는가 하는 가장 뿌리 깊은 의문을 해결해야 하는 문제에 닿았기 때문이다. 즉 그 이전의 활쏘기는 무기였다. 그렇지만 고종의 윤음과 황학정 사계의 기록을 보면 분명히 체육임을 밝혀야 하는 일이 되었다. 결국 무기가 아닌 체육으로서 활쏘기를 조명해야만 하는 시대의 사명이 있는 셈이었다. 무과에서 참고할 만한 활쏘기 책도 없지만, 그것이 스포츠로 전환하였을 때

---

7) 『활쏘기의 어제와 오늘』 167쪽
8) 『활쏘기의 나침반』 169쪽

참고할 만한 기록이 없다는 것은 더 큰 문제점을 낳게 된다. 이런 문제를 해결하기 위하여 결국은 통일된 활쏘기의 모습을 그릴 필요가 있었던 셈이다. 그래서 유엽전을 기본으로 하는 활쏘기의 체계를 정리하게 된다.[9]

둘째, 나라가 일본에 망했다는 점이다. 이것은 나라가 망한 여파가 곧 활쏘기에도 밀려들 수 있다는 위기감을 충분히 예견할 수 있는 일이기도 하다. 나라도 망한 상황에서 스포츠가 사라지는 것은 그리 어려운 일이 아니다. 그렇지만 활쏘기는 누가 보아도 조선을 대표한 무예이자 스포츠이다. 그렇다면 제일 먼저 소멸의 길로 접어들 수 있는 일이다. 따라서 본래의 모습을 기록으로 남길 필요가 있다.[10]

이런 두 가지 사항을 시급히 해결하기 위하여 중부지역의 활터를 중심으로 모임이 이루어졌고, 마침내 『조선의 궁술』을 간행하게 된다. 그리고 곧 전국조직으로 확대한다. 연구 모임이 스포츠 조직으로 발전한 것이다.

4) 조선궁도회

조선궁술연구회가 출범한 지 5년 만인 1932년에 이 모임은 '조선궁도회'로 바뀐다. 이름에서 두 가지 특징이 눈에 띈다. '연구'가 떨어졌다는 것과, 궁술이 '궁도'로 바뀌었다는 사실이다.

연구회는 『조선의 궁술』 간행과 더불어 큰 의미가 없어진 명칭이 되었다. 왜냐 하면 그 목적이 달성되었기 때문이다. 따라서 <조선궁술회>로 바뀌어야 하는데, 여기서 예상과 달리 <조선궁도회>로 바뀌었다. 이것은 활 모임과 체육회의 관계 때문에 생긴 현상으로 보인다. 당시 조선체육은 총독부 학무국에서 주관했다.[11] 당연히 체육단체에 가입하려면 이들의 검열을 거쳐야 하고 통제를 받아야 했다. 그래서 일본 쪽에서 쓰던 용어가 개입된 게 아닌가 추정된다.

그런데 과연 이 용어의 선택이 자발성이냐 강제성이냐 하는 것이 잘 구별되지 않는다는 점에서 여러 가지 말썽의 소지가 생긴다. 당시의 정세나 정황을 보면 조선총독부의 통치세력을 의식하지 않을 수 없고, 그렇다고 하더라도 궁도 용어 선택은 일본 제국주의의 존재를 수용하게 되는 결과를 낳는다는 점에서 그런 고민을 하지 않는 세대에게는 큰 오점으로 남을 수밖에 없는 일이다. 이런 정황에 대한 연구는 앞으로 후학들이 해결해야 할 숙제이다.

조선궁도회는 전국에 산재한 활터를 일원화하여 운영방식과 제도를 정비하는 데 크게 이바지하였다. 대회의 형식을 정비하고 지역별로 이루어지던 모임을 일원화하여 근대 스포츠로 정착하

---

9) 『조선의 궁술』
10) '성씨 가문의 활쏘기 자료 2', 『활쏘기의 어제와 오늘』 139~147쪽
11) 조선궁도회 잡서류철

는 데 크게 이바지하였다. 이런 영향으로 해방 후부터 지금까지도 큰 혼란이나 변화 없이 한량들은 활쏘기를 즐긴다.

그렇지만 이러한 모임은 1941년 무렵에 이르러서 활동을 제대로 할 수 없는 상황에 이른다. 1937년의 중일 전쟁부터 시작된 전시체제가 1942년 태평양 전쟁으로 확대되면서 결국은 모든 스포츠 활동은 중지되고, 활쏘기도 마찬가지 상황을 맞는다.[12] 그 전까지 수백 명이 모이던 활 대회가 더는 열리지 않는다. 이렇게 몇 년을 지내다가 해방을 맞는다.

5) 해방과 분단

1945년 일본 제국주의의 갑작스런 패망과 도둑처럼 찾아온 해방, 그리고 뒤이어진 전쟁으로 인한 남북 분단은 활쏘기에 큰 영향을 끼쳤다.

해방이 되고 해외로 망명한 모든 정치인과 정치 세력들이 귀국하면서 한국의 정세는 소용돌이친다. 게다가 북위 38도 선을 경계로 남북을 각기 점령한 소련과 미국은 자신의 정치 세력을 지원함으로써 분단의 빌미를 만든다. 38 이북에서는 일찌감치 김일성 정권이 들어서 유일 체제로 자리 잡고, 38이남에서는 각종 정당들이 난립하면서 혼돈 양상을 띤다. 이런 소용돌이 속에서 활쏘기는 그 전 시대의 존재형태를 반복한다. 즉 사계가 정치권에도 큰 영향을 미쳤기 때문에 각 정당을 대표할 만한 거물들을 초청한다. 이승만은 황학정을 방문하고, 이에 대응하듯이 김구는 석호정을 방문한다.

한국 전쟁이 일어나기 전까지 활터는 본래의 모습을 되찾았다. 서울 지역의 경우 친선대회를 치렀고, 조선궁도회는 조선궁도협회로 자연스럽게 부활했다. 그렇지만 불안한 정국이 5년 만에 한국전쟁을 맞음으로써 활쏘기는 사실상 종료된다. 한국 전쟁 후 남과 북은 각기 다른 체제로 들어서면서 이념이 강화되고, 이에 따라 남북한의 활쏘기도 운명을 달리하게 된다. 남한의 경우는 자본주의를 지향함으로써 그 전의 사회체제 그대로 유지되지만, 북한의 경우 사회주의가 정착함에 따라 1960년대까지 희미하게 이어져오던 활쏘기는 양반들의 유희로 간주되어 완전히 사라진다.

이런 갑작스런 정국의 변화 속에서 활쏘기에 나타난 가장 큰 모임은 1958년의 '제1회 전국남녀 활쏘기 대회'이다. 한국일보의 후원으로 시작된 이 대회는 한국 전쟁 후 사실상 폐허가 되다시피 한 전후 복구 사업의 숨 가쁜 격동 속에서 그 동안 잠정 중단되었던 활쏘기가 다시 활성화되기 시작한 신호탄이 되었다. 이후 매년 대회를 추진하면서 명실공히 한국을 대표하는 대회가

---

12) 『활쏘기의 어제와 오늘』 142쪽

된다. 이로써 한국 전쟁 후 활쏘기는 다시 제자리를 잡는 계기가 된다.

아울러 이 대회의 특징을 살펴보면 다음과 같다. 즉, 오늘날 우리가 보는 활터의 모습이 이때 거의 정해진다. 과녁의 경우도 홍심이 처음 나타난 것이 이 대회였다. 성낙인이 찍은 1958년의 황학정 사진을 보면 과녁에 홍심이 없었는데, 이 대회를 치르면서 나타난다.[13] 그리고 2회 대회 때부터는 과녁이 둘로 늘어나서 과녁을 하나만 쓰던 옛날 대회에서 요즘의 대회와 비슷한 양상으로 변화되었음을 보여준다. 옛날에는 하루에 1순씩 쏘는 것이 관례였다.[14] 그래서 대회는 3일간 이루어진다. 즉 첫날 초순을 쏘고, 이튿날 재순을 쏘고, 3일째 종순을 쏘아 합산하는 방식이다. 그렇기 때문에 한량들은 2박3일을 대회장에 머물러야 하며, 그렇게 늘어진 시간의 여유 때문에 각종 활 문화가 기생하게 된다. 이 지루함을 달래려고 지역에 따라서 멀리쏘기도 하고, 전사도 하는 등 다양한 친선 놀이가 개발되고 운영되었다.[15] 그렇지만 과녁이 둘로 늘어나고 셋으로 늘어나면서 당일치기로 대회가 바뀌는 상황이 되었고, 이런 상황은 다양한 활 놀이 문화를 말려 죽이는 결과를 낳았다.

1958년의 제1회 남녀 활쏘기대회와 더불어 활쏘기가 제자리를 찾으면서 여러 가지 제도도 정비되었다. 무과가 폐지되면서 각 지역마다 조금씩 달라졌던 활터의 여러 조건이 전국대회를 매개로 하여 통일되는 양상을 보이게 된 것이다. 그 제도의 결정에는 물론 대한궁도협회가 있다. 이때의 대한궁도협회는 사무실이 황학정에 있었고, 사실상 황학정의 여러 풍속과 분리되기 힘든 상황이었다. 그렇지만 1966년에 대한궁도협회가 사무실을 황학정에서 체육회관으로 옮김에 따라서 이런 상황에 변화가 온다. 그리고 1968년에 과녁거리와 크기에 대한 규정이 정리된다. 이 때부터 현재의 과녁모양과 거리가 확정된다.

이 과정에서 간과하면 안 될 것이, 활쏘기와 관련된 우리 사회의 주체성 문제이다. 특히 과녁 거리와 과녁 크기는 논란의 여지가 많다. 즉 현재의 활쏘기는 무과의 유엽전을 이어받은 것인데, 유엽전 규격과 많이 다르기 때문이다. 과녁 크기는 그렇다 쳐도 과녁거리 산정은 우리 자가 아닌 일본 자를 기준으로 산정하는 바람에 해방 전의 거리보다 무려 5미터가량 줄어들었다. 현재 우리나라에서 쓰는 척관법은 일본의 척관법이다. 영조척의 경우 일본의 자는 30.3cm이지만, 조선의 자는 30.8cm였다. 이 단순한 오차 때문에 유엽전 120보 거리를 환산할 때 5미터 가까운 오차가 난 것이다.[16] 오늘날 145미터 과녁거리 규정은, 이런 허술한 셈에 따라 만들어진 것이다.

---

13) '1958년 필름 사진으로 본 황학정', 『활쏘기의 어제와 오늘』 181쪽
14) 박문규 대담, 국궁논문집 제8집, 온깍지궁사회, 2016. '충남 지역의 활쏘기 풍속' ; '박문규 옹 질궁회갑 기념 활쏘기 대회 견학', 온깍지활쏘기학교 카페 중 학교 소식.
15) 이용달 대담 ; 『이야기 활 풍속사』.
16) 정진명, 『한국의 활쏘기』, 학민사, 개정판, 2013. 65쪽. ; 정진명, 『온깍지 활 공부』, 고두미, 2018.

6) 개량궁의 등장과 입승단 제도

활터에 가장 큰 변화를 일으킨 요인 2가지가 1970년대 들어 형성된다. 개량궁의 등장과 입승단 제도이다. 개량궁의 등장은 각궁으로 인해 만들어진 여러 가지 여건을 단숨에 변화시켰다. 각궁은 비싸고 다루기 힘들다. 비싸다는 조건은, 다양한 계층의 사람들이 입사할 수 없었고, 다루기 힘들다는 조건은 배우는 데 많은 시간이 걸렸다. 이 두 가지 조건이 한꺼번에 해결된 것이 개량궁이다. 따라서 굳이 오래 배우지 않아도 터득할 수 있고, 굳이 돈이 많지 않아도 누구나 배울 수 있게 되었다.

이에 따라 두 가지 현상이 뚜렷하게 나타났다. 고위층이나 하던 운동이라는 생각이 바뀌어 누구나 다 배울 수 있고, 짧은 시간에 과녁을 잘 맞힐 수 있게 되었다. 이렇게 하여 나타난 변화는 사풍의 변화이다. 전통은 오랜 훈련을 거쳐 전달되는데, 그런 전통이 순식간에 무너졌다. 사법이 바뀌었고, 활터 풍속이 하루가 다르게 사라졌다. 사법은 『조선의 궁술』에서 '봉뒤'라는 활병으로 간주되던 반깍지 사법으로 바뀌었고, 다양한 풍속이 맞추기 중심으로 바뀜으로써 사라지거나 가볍게 여겨졌다. 이런 현상이 가져온 결론은 간단했다. 전통의 변화와 상실이다. 2018년 현재 활터는 양궁인지 국궁인지 분간이 안 되는 사법으로 과녁 맞히기가 유일한 활쏘기의 목적이 되었다.

활터의 이러한 변화를 부추긴 제도가 단급제도이다. 원래 입승단 제도는 1948년에 제정된 대한궁도협회 정관에서 처음 거론되었다. 그렇지만 그것이 제대로 실시되기에는 많은 시간이 필요했다. 제1회 대회가 1970년 5월 22일에 열렸고, 이날 3명이 처음으로 입단했다.[17] 그렇지만 이것은 일반 활터에서는 먼 남의 나라 얘기였다. 그러던 것이 1970년대 후반을 지나 1980년대로 접어들면 서서히 5단에게 주어지는 명궁들이 나타나기 시작하면서 1990년대로 접어들면 큰 위력을 발휘한다. 즉 승단제도를 통해 나타난 명궁들이 전국의 활터에 한둘씩 자리 잡으면서 대한궁도협회의 대변인 노릇을 하게 된 것이다. 그래서 순식간에 활터가 대한궁도협회의 강력한 지배하에 놓이게 되었다.

이로 인한 결과는 분명해졌다. 다양한 활터의 풍속이 획일화되는 경향을 부추겼다.[18]

7) 국궁과 양궁 분리

1983년에 국궁과 양궁이 분리되었다. 양궁이 올림픽 종목에 있는 스포츠이기 때문에 국제 대

---

17) 김영호 '입승단 제도의 발전 과제', 『국궁논문집 10』(온깍지궁사회, 고두미, 2018) 199쪽.
18) 활터를 떠도는 착각과 무지(온깍지궁사회 다음 카페) '활 전문자료'.

회에서 우수한 성적을 내는 양궁인들의 요구에 대한체육회가 호응하여 국양궁 분리가 추진되었고, 국궁인들이 강력한 반대에도 국양궁 분리는 1983년에 이루어졌다. 대한궁도협회가 쪼개지면서 대한국궁협회와 대한양궁협회가 생긴 것이다.

그런데 3년 뒤에 대한국궁협회는 대한궁도협회로 돌아간다. '궁도'라는 말에 어떤 의미가 있는지 전혀 고려하지 않은 채로 명칭이 바뀐다. 궁도는 일본 제국주의가 만든 용어로 식민지 시절의 부끄러운 유산이다. 궁도 용어에 그런 의미가 있는지 없는지조차 판단할 능력이 없었음을 이런 사건을 통해 알 수 있다. 궁도는 일본이 제국주의화 되면서 전통 무술을 제국주의 신민을 양성하기 위해 제도권으로 편입시키면서 생긴 말이다.[19] 그 전에는 일본에서도 궁술이라고 했다. 그런 일본이 우리나라를 식민지 삼으면서 우리나라로 들여온 용어이다. 실제로 우리나라에서도 단체 이름은 궁도회라고 했지만, 실제 대회에서는 궁술대회라고 했다. 궁도대회라고 한 것은 일제 강점기 말기 전시 체제하에서 치러진 경기뿐이다. 그래서 해방 후 일본어 청산 작업이 사회 분위기였을 때에는 모두 활쏘기로 바꾸었다. 그래서 1958년에 치러진 대회의 이름은 제1회 전국남녀 활쏘기대회였다.

8) 1990년대 활쏘기의 논리화

1990년대 들어 특별한 현상이 2가지 나타난다. 첫 번째로는 활쏘기 책의 등장이고 두 번째로는 인터넷 사이트의 등장이다.

활쏘기에 관한 책은 1929년에 나온 『조선의 궁술』이 유일하다. 그리고 그 뒤에 이렇다 할 책이 나오지 않았다. 이유는 2가지이다. 첫째는 활쏘기 인구가 많지 않다는 것이다. 그리고 둘째는, 앞의 이유로 시장성이 없기 때문이다. 이런 특징은 책을 내더라도 비매품이거나 시장 유통을 시키지 않고 저자가 모두 가져다가 지인들에게 돌리고 마는 방식으로 귀결되고 만다. 지철훈의 『궁도개론』이나 그 뒤에 나온 『한국의 궁도』(조병갑), 『한국의 활과 화살』(김기훈 편) 같은 책들이 모두 그런 전철을 밟았다.

이러던 가운데 1996년에 『우리 활 이야기』가 나온다. 이 책은 초판 간행 6개월 만에 재판을 찍음으로써 활쏘기 책 출판에 신기원을 열었다. 즉 시장성을 지닌 활쏘기 책이 등장한 것이다. 일반 서점에서 누구나 선택해서 볼 수 있는 최초의 책이 나타난 것이다. 이것은 정보의 보편화와 정보 접촉의 간편화를 의미한다. 그리고 이렇게 됨으로써 그 동안 베일에 가려졌던 활쏘기가 일반인들에게 소개되는 효과도 있지만, 그런 일반화를 통해서 활쏘기를 논리화하고 활쏘기의

---

19) 정진명, 『우리 활 이야기』, 학민사, 1996. 10~11쪽

비밀을 밝히는 디딤돌이 된다. 그런 점에서 이런 현상은 우리 활 2천 년의 역사에서 눈여겨보아야 할 현상이다. 뒤이어 『한국의 활쏘기』, 『이야기 활 풍속사』 같은 책이 속속 등장하면서 활쏘기에 대한 정보는 서서히 일반인들 누구나 접할 수 있는 현상으로 떠오른다. 논리화 학술화가 첫걸음을 떼면서 활쏘기의 진정한 현대화가 이루어지기 시작한 것이다.

이런 학술화와 논리화에 기름을 부은 것이 인터넷이다. 1990년대 초 386컴퓨터가 공공기관에 도입되기 시작하면서 2000년대로 접어들면 전자정부가 완성되기에 이른다. 순식간에 인터넷이 우리의 삶에 영향을 끼쳤다. 국궁계에서는 1997년에 처음 사이트가 나타났다. 이건호 접장이 만든 개인 홈페이지 <사이버 국궁장>이 그것이다. 『조선의 궁술』도 이 사이트를 통해 처음으로 전문이 소개되었다. 이 사이트는 몇 년 뒤 <디지털 국궁신문>으로 발전하여 오늘날까지 국궁계의 주요 정보를 사람들에게 알려주는 국궁계의 메이저 신문이 되었다.

이런 현상을 바탕으로 하여 인터넷에는 수많은 사이트가 생김으로써 그전에 주먹구구식으로 떠돌던 정보들이 문자화하여 논리화의 또 다른 기틀을 만들었다. 인터넷의 부작용이 심한 것도 사실이지만 이런 정보들이 문자화함으로써 또 다른 영향을 낳게 되었다.

9) 전통에 대한 인식 변화와 문제의식

앞서 살펴본 간략한 줄거리에서도 엿볼 수 있지만, 해방 전에 형성된 활쏘기가 한국 전쟁 이후 많은 변화를 거쳤다. 그 변화는 지난 2천 년간 이어져 온 전통으로부터 정체성을 의심받을 만큼 격심한 것이어서 이에 대한 반성과 논의가 필요한 상황이었다. 이때 가장 중요한 것은 전통에 대한 인식이다. 전통은 하루아침에 만들어지는 것이고 오랜 세월에 걸쳐 형성되는 것이다. 그런데도 근래 30년 동안 겪은 변화는 전통의 정체성을 흔드는 상황까지 간 것이어서 이에 대한 한량들의 각성이 저절로 일었다.

이런 상황을 가장 잘 보여주는 단체가 온깍지궁사회이다. 2000년에 모임 준비를 시작하여 2001년 1월에 정식 출범한 이 단체는 그 전부터 내려오던 활터의 전통이 과연 맞는 것인가 하는 질문을 했고, 그 답을 찾아가는 과정을 홈페이지에 실시간에 가깝게 공개했다. 주로 해방 전의 한량들을 찾아다니며 옛날에는 어떻게 활을 쏘았는가 하는 것을 확인한 것이다. 그리고 2007년에 공개 활동을 접고 사계로 전환하였다.[20]

이들은 때마침 등장한 인터넷을 활용하여 홈페이지를 만들고, 논리화에 밑거름이 될 만한 정보 정리 작업을 추진하였다. 그를 대표할 만한 작업이 세미나와 논문집 발간이었다. 이런 덕에

---
20) 온깍지궁사회, 『한국 활의 천년 꿈 온깍지궁사회』, 고두미, 2015. 328~329쪽

국궁논문집이 제10집에 이르는 성과를 내었다. 이런 활동을 통해 결국 현재 전하는 활터의 모습이 전통으로부터 많이 벗어난 것임을 확인했고, 본래의 모습으로 돌아가는 것이 우리의 과제임을 밝혔다.

이와 아울러 학술화 작업이 뚜렷해졌다. 육군 박물관에서 주관하던 각종 기록물 정리를 하던 김기훈 접장이 주도하여 <국궁문화연구회>가 출범함으로써 국궁 논리화의 뚜렷한 자취를 남겼고, 그 노력은 현재도 이어지는 중이다.

10) 세계 민족궁 대회 및 세미나

2007년에 처음으로 천안에서 세계 민족궁 모임이 열렸다. 이후 이 모임은 해마다 열려서 대한국궁도협회로 흡수되는 2017년 직전까지 대회를 꾸준히 개최하였다. 이 대회는 문화관광부의 예산 지원이 있었기 때문에 가능한 일이었고, 그래서 전 세계인의 주목을 끌었다. 우리가 좀처럼 볼 수 없던 세계 각국의 민족궁을 볼 수 있었고, 그것을 계속 자료화하여 이제는 전 세계 민속 활의 존재가 어느 정도 밝혀지는 성과를 거두었다.

그렇지만 이런 성과와 더불어 만만찮은 부작용도 나타났다. 민족궁에서 볼 수 있던 다양한 활쏘기가 국내에 소개되면서 그것을 응용한 다양한 활쏘기가 생긴 것이다. 이렇게 다양한 활쏘기가 등장하는 것은 크게 문제될 것이 없다. 문제는 이런 활쏘기에 '전통'을 덧칠하려고 할 때 일어난다.

우리 활의 전통은 조선궁술연구회의 조선궁도회의 전통을 잇는 것이다. 온깍지궁사회의 활동 결과, 우리 활의 전통을 잘 간직한 시대는 1940년대의 활쏘기로, 한국 전쟁과 함께 새로운 제도를 도입하기 전의 모습이다. 그것을 잘 간직한 것이 『조선의 궁술』이고 실제로 한국 전쟁 전까지는 이런 원칙이 잘 지켜졌다. 따라서 『조선의 궁술』에 묘사된 활쏘기와 황학정의 구사들이 기억하는 활쏘기가 우리 활의 뼈대라고 할 수 있고, 전국의 활터는 이러한 내용을 바탕으로 나름대로 사풍을 형성하였다.

그렇지만 2007년 이후 나타난 활쏘기는 이들과 관계가 별로 없는 창작 활쏘기이다. 예컨대 우리나라의 마사법은 택견 명인 송덕기 옹의 죽음과 함께 사라졌다. 따라서 송덕기 옹 이후의 어떤 마사법도 우리의 전통과는 상관이 없는 활쏘기이다. 만약에 그 뒤에 마사법이 생긴다면 그것은 창작이지 전통이 아니다.[21] 150미터 과녁을 정하고 쏘는 활터의 활쏘기를 빼고 가까운 거리를 놓고 쏘는 모든 활쏘기도 마찬가지이다. 그것은 활터의 활쏘기를 응용한 창작 활쏘기일

---

21) 정진명, '전통의 여운 마사법', 『국궁논문집』 제4집, 온깍지궁사회, 2005.

지언정 전통이라고 보기는 어렵다. 우리 활에서 전통이란 150미터 터과녁을 놓고 쏘는 활쏘기를 말한다. 사법도 사풍도 활터 문화를 가리키는 말이다.[22] 그렇지만 그 동안 진행된 활쏘기의 속성은 이런 전통으로부터 많이 벗어났다. 그런 점에서 한국의 활쏘기는 2000년대 이후 중대한 위기에 빠진 셈이다.

3. 맺음말

왕왕 5천년 역사를 자랑하는 우리의 활쏘기는, 21세기 들어 큰 위기에 봉착했다. 지난 오랜 세월 동안 이어져 오던 활의 모습이 격심한 사회 변화에 따라 뜻밖의 방향으로 변해왔기 때문이다. 한국 전쟁 후 제도가 변해왔지만, 그 중에서도 개량궁 등장과 입승단 제도 실시는 그전에 내려오던 활쏘기를 환골탈태시키는데 큰 힘으로 작용했다. 그리하여 오늘날 우리의 활쏘기는 과녁 맞히기 중심으로 바뀌어 여러 가지 면에서 부작용을 낳고 있다.

그 부작용을 한마디로 하면 '획일화'이다. 획일화는, 경제성의 면에서 보면 좋을지 모르나, 문화의 차원에서 보면 그 분야의 종말이자 무덤이다. 사두, 사수, 사백, 사장과 같이 다양하던 임원 이름이 구성원들의 자발성에 따라 '사두'로 일원화하자는 운동이 벌어지는가 하면, 뜬금없이 정간 배례라는 강제성 의전행사가 끼어들어 국궁인들 빼고는 아무도 모르는 이상한 행사를 날마다 하는 실정이다.

그렇지만 우리 활은 우리나라밖에 없는 종목이기 때문에 우리가 종주국이다. 따라서 우리 활의 장점이 세계로 퍼져나가려면 구성원들이 미래에 대한 투철한 전망을 확보해야 한다. 우리의 일을 남에게 미루거나 남의 것을 보고 따라 하기를 할 수 없는 실정이다.

따라서 격심한 변화를 겪는 이 시점에서 이러한 변화의 조짐을 정리하지 않으면 앞으로 닥쳐올 재앙을 예측할 수조차 없게 된다. 이 글은 그런 진단을 위한 제언이다.

---

[22] 정진명, '활터의 활쏘기' 『전통 활쏘기』, 고두미, 2015. 46~53쪽

2018 우크라이나 전통 활쏘기 대회 참가기
— 2018년 8월 18~19일, 우크라이나 키예프 —

김소라 (의정부 용현정 여무사)

우크라이나에 가다

우크라이나 전통 활쏘기 축제가 시작되기 몇 달 전부터 우크라이나 전통 활쏘기 협회장(WTAF)인 Yurii Trofymov께서 대한민국 대표로 출전해줄 수 있는지를 의사를 물어봤고, 아일랜드에서 새로운 삶을 살던 중인지라 쉽게 수락하지 못했다. 하지만 한국에서 올 대표자가 아무도 없었고 특히 협회에서 지원 없이 사비로 가야 하는 터라 자부담이 컸다

우크라이나 전통 대회 특성상 우리나라 전통 활쏘기 사법 중 하나인 온깍지 사법에 대해 궁금해했고 축제가 끝난 후 우크라이나 궁사들에게 온깍지 사법에 대해 교육을 해달라고 끊임없이

요구 바람에 결국 설득당해서 우크라이나행 비행기에 몸을 실었다.

우크라이나 공항에 도착하자마자 우크라이나 축제 스태프가 마중 나와주었고 전통 활쏘기가 열리는 장소까지 데려다주었다. 전통 활쏘기가 열리는 곳에서는 이미 14개국 나라가 참여하였고 전 세계 궁사들이 150여 명 모였다. 사람들과 간략하게 소개를 하고 이미 몇몇 궁사들은 전 세계에서 활 좀 쏜다고 내로라하는 궁사들이 모여있었다. 유명 궁사들중 한 명인 Hendrik Wiet(독일) 유명한 베스트셀러 책을 내신, 인도 활을 전파하시는 분도 계셨고, Lukas Novotny (미국) horseback archer(말을 타면서 활을 내는 고득점자) 그리스의 전통 활쏘기 교수인 Spyros Bakas가 그리스의 고대 화살을 보여주며 설명했다. 관계 협회자 분들은 다음 날 대회에 있을 일정을 간단하게 브리핑하며 혹시나 생길 안전사고에 유념시켰다.

WATF 전통 활쏘기 대회 시작

전통 활쏘기인 만큼 복장도 다양했다. 14개국의 전통적인 복장과 헤어스타일 그들만의 독특한 문화가 깃들여진 활과 화살에 그려진 모양들 다 새로워 보였다.

롱보우 로빙 (영국활쏘기) 아일랜드 활쏘기 등 다양한 대회에 참가해 봤지만 이번 대회만큼 특징이 도드라지는 것은 처음이었다. 남궁사 뿐만 아니라 여무사들도 다수 참가하여 마치 영화에 나올법한 옷차림에 깜짝 놀라기도 했다. 나 역시도 스승님 어머니께서 만들어주신 전복을 입고 당당하게 출전할 수 있었다. 게다가 스승님께 선물 받았던 "메뚜기 팔찌"로 관심을 한 몸에 받았는데 특히 동양인이 혼자인지라 스포트라이트를 더 받게 되어 시수 부담이 생겼.

WATF 전통 활쏘기는 생각보다 규모가 컸다. 유럽에서 큰 열기를 띤 만큼 세계의 궁사들이 활과 화살의 세팅을 전날부터 열심히 했었는데 한국에서 다이렉트로 온 것이 아니라 이미 나의 화살들은 카본살과 아일랜드에서 구매했던 허접스러운 나무 화살이 전부였다. 심지어는 화살 길이도 전혀 맞지 않고 잘 부러졌으며 전통 대회 특성상 카본 살은 금지다.

고민하던 찰나에 웃는 미소가 참으로 멋진 20대의 벨라루스라는 나라의 남궁사가 본인의 화살을 주저 없이 빌려주었고 그 나뭇살에는 고급스러운 문양이 그려져 있어 잊어버리거나 부서지면 어떡해야 하나 부담스러웠지만 별다른 방법이 없던 터라 빌리기로 했다.

8월에 우크라이나 날씨는 한국 날씨처럼 더웠다. 고온 다습하지는 않았지만 아일랜드의 시원한 14-18도에 살다가 갑자기 33도로 높아지고 햇빛이 쨍쨍 찌는 야외이니 몸이 쉽게 맥이 빠져서 지쳤다. 활 역시도 계량궁이어도 활이 그리 잘 채이지는 않지만, 이것 또한 변명 아니겠는가? 다만 각궁 안 가져오길 천만다행이라고 생각했다.

대회는 150여 명의 궁사들을 여러 팀으로 나뉘어 팀에서 조장이 각 개인의 점수를 매기는 방법으로 사용한다. 과녁의 형태는 다양한 형태로 나뉘는데 코스별로 진행된다. 가장 인기 있는 코스의 과녁 중 하나인 Clout Shooting이 있다.

Clout Shooting 이란 상대적으로 먼 거리에서 과녁을 향해 하늘 위로 화살을 쏘고 각 화살이 과녁에 얼마나 가까이 도달하는지에 따라 점수를 매기는 형태의 이며 득점 구역은 과녁에서 최대 반지름으로 정의된다. Clout Shooting은 상대적으로 나한테 유리한 활쏘기 코스였다.

뚝방터 활쏘기 사거리 150m 닦아놓은 실력이 있기에 남궁사들보다 점수가 높게 나왔고, 우리 팀 여무사들은 Clout Shooting 규칙보다는 본인들의 편안한 자세로 틀에 구해 받지 않고 활을 냈다. 또 다른 코스는 나에게는 익숙하지만, 세계의 다른 궁사들에게는 낯선 한국식 과녁과 거리 다 그들에게는 생소해서 다들 점수가 나오지 않았다. 이 과녁 코스의 이름도 Korean Target이다. 때로는 3D 스타일의 동물 과녁이 나오기도 하고 시위를 반만 당겨야 하는 사거리가 짧은 과녁들도 있었다. 코스 중 가장 하이라이트는 Moving Target (움직이는 과녁) 양궁처럼 동그란 과녁에 동서남북으로 시계방향으로 과녁이 움직인다. 3번의 기회가 주어지는데 Moving Target의 시수 내는 비결은 호흡과의 적절한 타이밍이다. 너무 빨라서도 느려서도 안 되는 적절한 타이밍! 그래서 속사병에 걸린 몇몇 궁사들은 웃긴 광경을 자아냈다. 나 역시도 한 번도 움직이는 과녁에는 활을 낸 적이 없어서 색다른 경험이었고 호흡을 가다듬고 적절한 타이밍을 노리느라 초 집중을 했다.

가장 재미있었고 인기 많았던 코스는 Archery Clay shooting. 클레이 사격은 들어 봤지만, 활에서 클레이 슈팅 (Clay shooting)은 처음 경험해보기도 했다. 원반(클레이)에 총으로 탕탕! 어떻게 활에 접목시킬 생각을 했지 하고 깜짝 놀랐다. 두 궁사가 사대에 선다. 자동으로 원반이 기계를 통해 하늘로 날아간다. 이 역시 타이밍을 잘 잡아야 하고 기회는 두 번 주어지는데 150여 명 궁사 중 단 두 명만이 원반이 깨졌다. 가장 고난이도면서 재미있는 코스여서 점수 또한 높았는데 나는 아쉽게도 타이밍을 놓쳐 살이 쏜살같이 하늘로 날아가 버렸다. 원반의 고도까지 요하는 터라 계산을 잘했어야 하는데 아쉽다. 아마 마음으로 활을 냈어야 하는데 여기서 스타가 되어야지 하는 주목심 때문에 너무 계산을 하느라 타이밍을 날렸다. 마음을 비워야 한다는 사실은 알면서도 욕심이 앞서나갔던 터라 아쉽기도 하고 또 한 번 기회가 있다면 성공할 것 같은 느낌도 들었다.

어느덧 점심시간이 되어 다들 모여서 오전에 냈던 시수를 조합해보기도 하고 코스별 타겟에 대해 이야기하기도 했다. 향긋한 냄새가 나서 음식을 보니 바노슈-옥수수를 갈아서 죽처럼 만든 전통음식과 살로 돼지비계를 빵 위에 얹어서 먹는 음식과 함께 먹으니 든든했다.

오후가 되자 3D 스타일의 근거리 활쏘기가 시작되었다. 근거리 활쏘기는 나를 제외한 모든 궁사가 쉽게 점수를 획득했다. 나는 만작을 다 하기에는 살이 자꾸 넘었다. 심지어는 표는 발밑 땅을 보는데도 화살이 자꾸 넘어 만작을 하지 않는 상태에 이르기까지 했다.

많은 점수를 획득하지 못 했지만 3D 활쏘기의 고난이도 코스인 강을 넘겨 과녁에 맞히는 코스에서는 몇 안 되는 궁사들 중 한 명 안에 속해서 기쁨의 순간을 만끽하기도 했다. 모든 활쏘기의 코스가 끝이 나고 팀장들이 모여 점수 합산에 대해 확인하며 종료 작업을 했다.

그날 밤 밤하늘에는 밝은 달빛과 조명 그리고 아름다운 음악들이 흘러나왔고 오늘 하루 고생한 세계의 모든 궁사를 위해 조그마한 밸리 공연과 궁사들이 다 같이 모여 춤을 추는데, 태극기가 걸려 있는 모습을 보니 마음이 뭉클해지며 눈에 눈물이 고였다.

내 비록 시수꾼이 아니어서 등참은 못하겠지만, 내 나라 태극기가 나 한 명으로 인해 걸려 있고, 이로 인해 많은 사람에게 내 나라를 알린 것만 같아 뭉클한 마음이 드는 순간 모든 궁사와 함께 손에 손을 잡고 강강술래를 하는데 세계인은 하나라고 느꼈다.

활을 사랑하고 전통을 지키고자 하는 모습이 얼마나 아름다운가!

대회 다음날

오전에는 다른 나라에서 초청받은 3명의 궁사가 강의를 했다.

첫 강의는 그리스의 고대 활과 화살촉의 카피 본을 보았고 간단하게 그리스의 활 역사에 대해 소개를 해주셨다. 첫째 날 간단하게 소개했던 그리스의 교수였던 Spyros Bakas 그리스 촉에 변천사를 보여주었고 역시 암시장(블랙마켓)에서 진본들이 많이 거래된다고 했다. 미국에서 온 시수꾼인 루카스(LUKAS)는 기사법을 구사하는 궁사 (Horse back archer)로 유명한데 말을 타면서 어떻게 호흡이 이루어지며, 말을 타면서 전통(화살통)에서 신속하게 화살을 빼는 방법을 알려주었다. 루카스는 터키의 각궁을 파는 사람이기도 했는데 터키에서 활이 오면 활 안에 멋진 그림을 그려주고 재판매 하는 건데 무려 활의 가격이 한국돈으로 오백만 원에서 육백만 원 사이에 판매를 한다. 루카스가 판매하는 터키 활의 특징은 불을 보여야 하는 우리나라 활과는 달리 불 없이도 개량궁 올릴 때처럼 그냥 자연스레 올렸고 우리나라 각궁보다 길이가 매우 짧고 오금 쪽들 곡선이 죽어있는 특징들이 있다. 터키 궁사들은 신이 나서 자기네 활을 루카스와 함께 판매하며 장점을 소개하는데 심지어는 편전도 터키 활에서 나온 거라 하니 기분이 오묘했다. 우리나라 각궁도 훌륭하며 소개만 더 잘되었으면 동유럽에서 유명한 터키 활과 헝가리 활보다 우수함을 더 어필했을 텐데 안타깝다.

한국에서 개최했던 세계 활쏘기 대회에 참가했던 Hendrik에 말에 의하면 한국 활은 더 이상

희망이 보이지 않는다고 했다. 그가 말하는 개량궁 카본 화살은 양궁 스타일에 가까운 활이기에 몸의 조화보다는 시수의 확률 계산이라며 외국인이 몸의 기에 대해 말했을 때 굉장히 놀라웠다. 인도 전통 활쏘기의 고수라 동서양을 막론하고 몸에서 느껴지는 기운은 인간인지라 다 같나보다 하고 감탄했다. 그렇게 오전 모든 강의가 끝나고 오후에 시상식을 했고 등참은 못했지만 값진 교훈을 많이 얻었다. 14개국의 궁사들의 사법과 그들의 생각이나 정보 교류.

과연 내가 앞으로 우리나라 활을 알리기 위해 어떻게 해야 할까? 이렇게 생각에 빠져있는데 나를 포함한 미국, 독일, 그리스 궁사들에게는 따로 호텔을 잡아주며 뒤풀이를 했다.

뒤풀이 과정에서 등참 1위 했던 루카스(미국)에게 문제가 생겼다. 알고 보니 루카스는 죽시를 사용하지 않고 카본 살로 1위를 해서 다른 세계의 궁사들에게 논란이 되었다. WTAF에서는 이 상황에 대해 인지했지만 이미 시상을 했기에 따로 수정하는 일은 없을 거라고 했다. 마구리가 가쉬운 상황이었지만 전날 밤 14개국 궁사들이 모여 손을 잡고 강강술래를 했던 좋은 기억을 떠올리며 긍정적으로 생각하기로 했다.

우크라이나 전통 활쏘기에 참가하기 위해 아일랜드에서 삶을 과감하게 정리하고 참여했던 대회라서 더 기억이 남고 추억이 되는 활쏘기였던 것 같다. 우크라이나 활쏘기에서 경험했던 다양한 과녁들을 이용하여 한국에서도 연습해서 다시 한 번 대회를 참가하여 이번에는 등참해 보고 싶다.

아래에 사진을 붙여 이해를 돕고자 한다.

Clay Shooting

Clay Shooting

Clout Shooting

50M Shooting

3D Shooting

3D Shooting

Moving Target

Checking the Target

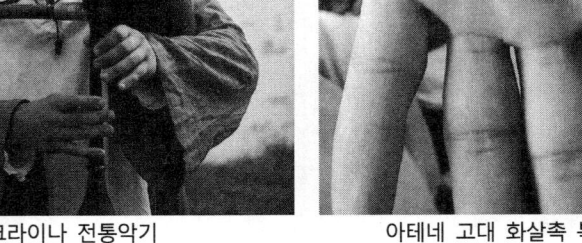

우크라이나 전통악기   아테네 고대 화살촉 복사본

왕양명의 「관덕정기」 소개 및 번역

김기훈 (육사 화랑정 사원)

중국 명나라 정덕 13년 (1518년)에 왕양명이 관덕정기를 지었다. 왕양명의 이 기문은 21세기에 들어와 빠른 속도로 부흥되고 있는 중국 전통 활쏘기의 철학을 담은 명문장으로 회자되고 있다. 관덕정이라는 사정 명칭은 우리나라의 국궁 동호인들에게도 익숙한 이름이며, 관덕정을 창건하거나 중수하는 과정에서 작성된 관덕정 기문도 여러 종류가 남아 있다.[1] 따라서 필자는 중국과 한국에 공유되고 있는 활쏘기 철학의 한 부분인 '관덕'이란 개념을 상호 비교해 볼 수 있는 기회로 활용되기를 바라면서 왕양명의 관덕정 기문을 소개 및 번역하려 한다.

지행합일설로 유명한 왕양명(1472년 10월 31일~1529년 1월 9일)은 주자와 더불어 신유학을 완성한 중국의 대 사상가로 손꼽힌다. 우리나라에서는 주자의 학설을 비판하고 있는 양명학을 이단으로 간주하여 공식적으로 배척하였다. 그 때문에 극소수의 유학자를 제외하고는 거의 알려지지도 않았다. 그러나 중국과 일본에서는 일찍부터 양명학이 크게 발전하였다. 일본 명치유신을 주도한 무사들이 양명학을 정신적 기반으로 삼았다는 사실은 널리 알려져 있고, 중국에서는 양명학을 현대적으로 해석하여 활용하려는 연구의 붐이 오래전부터 일고 있는 가운데, 시진핑 주석이 많은 관심을 보인다는 뉴스가 때로 등장하기도 한다.

그러나 왕양명은 사상가로서만 기억되지 않는다. 명나라 중기인 1472년 절강성 소흥부 여요현에서 출생한 그는 본명이 왕수인(王守仁)이다. 양명은 문과 무를 겸비한 학자요, 관리요, 전략가였다. 중국 역사상 삼불후(三不朽: Three Immotals)로 칭송되는 거의 유일한 인물이다. 삼불후는 입덕(立德: 덕을 세움, 성인이 됨), 입공(立功: 반란을 평정하여 공을 세움), 입언(立言: 사상을 세움) 으로 불멸의 공을 세웠다는 의미이다.[2]

---

1) 대표적인 예로 제주도 관덕정의 창건기(신석조)와 중수기(서거정) 등이 『신증동국여지승람』 제38권 전라도 제주목 [누정]조에 실려 있다.
2) 둥 핑 지음/이준식 옮김 (2019), 『칼과 책-전쟁의 신: 왕양명의 기인한 생애』, 파주: 글항아리, 11. 그 외

왕양명은 45세가 되던 1516년 좌첨도어사 순무라는 직책을 부여받고, 강서·복건·광동·호광 등의 경계지역에서 할거하던 도적떼를 성공적으로 진압(1517-18)하였다. 그가 세운 첫 번째 정란(靖亂)의 공이다. 오랫동안 산간에 숨어 저항하던 도적 떼를 완전히 진압한 후에 양명은 해당 지역에 현을 신설하고, 서원을 건립하는 등 효율적인 행정과 교화 사업을 위한 활동을 활발하게 추진하였다.3) 바로 이러한 시기인 1518년(戊寅年)에 왕양명은 강서성 감주부(贛州府) 용남현(龍南縣)의 교육 담당관리에게 현학(縣学) 내에 관덕정을 건립하도록 지시하였다. 그 해 말에 관덕정이 완성되자 왕양명이 크게 기뻐하면서 사정 창건기인 관덕정기를 지었다고 전한다.4)

왕양명이 관덕정기를 작성한 1518년은 그가 47세가 되던 해였다. 왕양명은 1508년 (37세)에 귀양지인 귀주성 용장(龍場)에서 커다란 깨달음을 얻어 사물의 이치가 우리의 마음을 떠나 객관적으로 존재하는 것[주자학의 定理論]이 아니라 우리의 마음 안에 있다고 하는 "심즉리"(心卽理: 내 마음이 곧 이치이다)설을 주장하기 시작하였다.

이 후 왕양명은 그의 심즉리설을 더욱 발전시켜 지행합일설(知行合一說, 1509년), 치양지설(致良知說, 1521년) 등 양명학의 핵심 주장들을 계속 발표하게 된다. 이런 흐름에서 볼 대 관덕정기를 작성할 1518년 당시의 왕양명은 그의 사상이 한창 성숙되던 시기였다고 볼 수 있다.5)

이 짧은 한 편의 기문 속에도 심학(心學)의 대성자인 왕양명의 일관된 심즉리의 관점이 명백하게 투영되고 있다. 어쩌면 이것은 사의 편에 대한 왕양명의 주석이라고 불러도 좋을 것이다. "마음에서 얻는 것이다"(得之於心)라는 명제는 왕양명의 대표적인 명제이다. 여러 군데서 자신의 마음이 판단의 기준이 되어야 함을 강조하고 있다.

대저 학문이란 나의 마음에서 얻는 것을 중시한다. 내 마음에 구해서 잘못된 것은 비록 그

왕양명의 젊은 시절에 관한 참고 자료는 뚜 웨이밍 지음/권미숙 옮김 (1994), 『한 젊은 유학자의 초상: 청년 왕양명(1472-1509)』, 서울: 통나무.
3) 둥 펑 (2019), 『칼과 책』, 130-178.
4) 『嘉靖贛州府志』(1526), 卷 11, 藝文, 「觀德亭記」(https://zh.wikisource.org/zh-hans/嘉靖贛州府志 11) ; 維基文庫 (wikisource), 「觀德亭記」(https://zh.m.wikisource.org/zh-hans/觀德亭記);『陽明先生文錄』卷之四, 「觀德亭記」, (中國哲學書電子化計劃, 『陽明先生文集』 https://ctext.org/wiki.pl?if=gb&res=667533). 사정은 지금 존재하지 않는다. 감주부지에는 관덕정기가 1519년에 작성되었다고 기록되어있다. 그러나 1519년은 왕양명이 남창에서 기의한 왕족 주신호의 반란 진압에 여념이 없었던 점 등을 고려하여, 양명선생 문집에 나오는 연도인 戊寅年(1518년)에 작성한 것으로 보았다.
5) 왕양명의 사상에 관하여 주로 참고한 책과 자료는 정인재 (2014), 『양명학의 정신』, 서울: 세창출판사; 정인재 (2020), 「양명학의 정신, 강화학파의 사상들」, 유튜브, 2020 인문독서아카데미 (제1강 ~ 제10강). 특히 정인재 교수의 유튜브 특강은 짧은 시간에 양명학을 이해하는데 많은 도움을 주었다. 감사드린다.

말이 공자에게서 나왔다고 하더라도 감히 옳다고 할 수 없다. 하물며 공자가 아닌 사람에게서 나온 것이라면 더 말할 것도 없다. 마음에 비추어서 옳다면 비록 그 말이 범상한 사람에게서 나왔다고 하더라도 감히 잘못된 것이라고 할 수 없다. 하물며 공자에게서 나온 것이야 더 말할 것도 없다.

("夫学贵得之心, 求之于心而非也, 虽其言之出于孔子, 不敢以为是也, 而况其未及孔子者乎! 求之于心而是也, 虽其言之出于庸常, 不敢以为非也, 而况'其出于孔子者乎!"「答羅整庵少宰書」『傳習錄』中卷)6)

따라서 왕양명에게 "마음을 간직한다 (存心)"은 것은 매우 중요한 수양 방법이 되는 것이다. 존심은 원래 맹자의 '존심양성(存心養性)'이라는 개념에서 나온 것으로서, 왕양명이 이 개념을 더욱 확대 심화시켰다. 왕양명에 따르면, 보편적이고 필연적인 우주의 천리(天理)인 양지(良知)가 내 마음 안에 들어 있기 때문에, 나의 마음을 잘 간직하는 것, 나의 마음을 흐리게 하지 않는 것은 모든 이치의 근원을 잘 간직하고 그 근원을 항상 밝고 맑게 유지하는 것이다. 그러므로 왕양명은 이상적인 인간형인 군자의 덕성은 바로 이 존심을 통하여 이루어진다고 설파하고 있다.

이러한 왕양명의 사고가 관덕의 풀이에 잘 반영되고 있다. 『예기』사의 편7) 첫 장을 '본심 간직'이라는 심학적 관점으로 접근한다.

첫 부분에서 왕양명은 선천적인 천리를 내포한 본심을 간직하지 못한 (不存心) 자는 조급하고, 격동하고, 부끄러워하고, 소홀하고, 오만한 (燥.蕩.歉.忽.敖) 다섯 가지 유형의 마음을 갖게 되는 것으로 보았다. 이런 마음이 밖으로 드러나 관찰되는 것은 안절부절 못하고, 시선이 불안정하고, 자신이 없으며, 외모도 흐트러지고, 거만한 낯빛과 모습임을 지적한다.

둘째 부분에서는 이와 반대로 본심을 잘 간직한 상태(存心)가 되면, 단정하고, 경건하고, 평온하고, 전일(專一)하고, 관통하고, 순수하고, 관대한 (端.敬.平.專.通.純.宏) 일곱 가지 형태의 마음을 갖게 된다고 하였다. 그리고 이러한 마음이 밖으로 드러나면, 자세가 바르고, 용모가 정중하며, 호흡이 편하고, 시선을 집중하며, 때를 놓치지 않고, 겸양하고, 승패에 연연하지 않은 모습

---

6) 김학주 옮김 (2004), 『傳習錄』(서울: 명문당), 412.
7) 『예기』사의 편에 관한 참고 자료는 陳澔(元) 編/정병섭 역 (2017), 『譯註 禮記集說大典◆射義』, (고양: 학고방), 97-115; 275-301.

을 관찰할 수 있다고 말한다. 양명은 이러한 일곱 가지의 마음이 갖추어지면 그것이 바로 덕을 이룬 증거라고 보았다. 앞에서 말한 다섯 가지의 마음 상태를 제거하고, 뒤에서 말하는 일곱 가지의 마음 상태를 유지하는 '거오심 존칠심'(去五心 存七心)은 현대 활쏘기에서도 중요하게 간주되는 정심(正心)의 방법과 내용이라고도 할 수 있을 것이다.

세 번째 부분은 활쏘기가 자기의 곡(鵠)을 쏜다고 하는 것에 대한 해석이다. 여기에 나오는 인용 문장은 『논어』 안연(顏淵) 편에 나오는 '君君 臣臣 父父 子子'(군주는 군자다워야 하고, 신하는 신하다워야 하며, 아버지는 아버지다워야, 자식은 자식 다워야 한다)구절을 사의 편에서 원용한 것이다. 왕양명은 곡을 마음으로 치환하여 활쏘기는 결국 자기의 마음 (본심)을 쏘는 것이며, 이것은 자신의 위치에 걸맞는 마음자세를 확인하는 행위로 보았다. 군자가 추구하야 할 자신의 위치에 알맞은 마음 자세는 君에게는 仁, 臣에게는 忠, 父에게는 慈, 子에게는 孝라는 유교적 윤리 덕목이 그에 해당된다. 본심을 추구하는 군자의 공부가 활쏘기에 적용되어 사회관계에서 이상적으로 생각되는 덕목이 체득된다는 논리 구조이다. 바로 이런 논리 하에 활쏘기는 개인적으로나 사회적으로 군자의 덕성을 함양하는 좋은 수양 도구로 격상되었다. 이상과 같은 양명의 관덕정 기문은 심학으로 재해석한 활쏘기 담론이라는 평가를 받기에 부족함이 없어 보인다.

우리나라와 달리 중국에서는 전통 활쏘기를 흔히 문사(文射)와 무사(武射)로 나누어 설명한다. 문사는 대사례, 향사례 등 의례용 활쏘기를 말하며, 주된 기능이 예의를 익히고 덕성을 함양하는 수단으로 간주한다. 표적을 맞추는 것을 목표로 하지만, 그 가죽 과녁을 반드시 관통하는 것이 목표로 하지 아니한다. 사부주피(射不主皮)라는 말이 여기서 유래되었다. 반면에 무사는 전투용 활쏘기로서 실전성을 강조한다. 전투에서 활쏘기는 반드시 적을 살해하는 것을 목표로 삼기 때문에 갑옷을 뚫을 수 있는 정도의 관통력을 강조한다. 그래서 무사는 사주피(射主皮)가 필수적이다. 이런 분류를 따르면 왕양명의 관덕정기는 대표적인 문사 담론이다. 전투용이 아니라 스포츠용으로 활용되는 현대의 활쏘기는 다분히 문사적 전통을 이어 받고 있다. 그러기에 관덕을 표방하는 『예기』 사의 편이나, 사의 편의 심학적 해석인 왕양명의 이 관덕정 기문은 한참 복원되고 있는 현대 중국의 전통 활쏘기에서도 중요한 철학 담론으로 받아들여지고 있는 것이다.

번역문은 비교적 편하게 그 뜻을 이해할 수 있도록 의역을 먼저 제시하고, 원문을 뒤에 두었다. 그 뒤에 글자풀이와 직역을 덧붙인 것은 번역의 적절성을 더 확인하려는 분들에게 약간의

도움을 드리고자한 것이다.8)

【의역】

관덕정기

　군자가 활쏘기를 할 때는 우선 내적으로는 뜻을 바르게 하여 마음을 안정시키고, 외적으로는 자세를 곧게 하여 몸을 안정시킵니다. 그리고 활에 화살을 먹여 표적을 자세히 살피면서 시위를 당기고, 동시에 몸이 흔들리지 않게 단단히 굳힙니다. 그런 뒤에 비로소 화살이 과녁에 맞고 안 맞고를 논할 수 있습니다. 이와 같이 몸과 마음을 바르게 하여야 활을 제대로 쏘게 됨으로 옛날에는 활 쏘는 모습을 보고 그 사람의 덕을 관찰하였다고 합니다. 덕(德)이라는 말은 마음속으로부터 얻는다(得)는 말과 같은 뜻입니다. 군자가 항상 추구하는 학문의 본질은 바깥 사물이 아니라 우리의 마음으로부터 천리(天理)를 체득하는 마음공부 즉 심학(心學)입니다. 그러므로 군자는 활쏘기를 할 때도, 천리가 간직된 자신의 마음 즉 본심을 훼손하지 않고 잘 보존하기 위하여 노력하게 됩니다.

　그런데 활쏘기를 하다보면 바람직하지 못한 형태의 마음과 그 결과를 경험하게 됩니다. 그러한 마음 상태를 열거해 보면 다음과 같습니다. (1) 마음이 초조해집니다. 행동이 안절부절 못하게 되지요. (2) 마음이 격렬하게 요동칩니다. 시선이 안정되지 못하고 들뜨게 됩니다. (3) 마음이 수치감으로 부끄러워집니다. 이때는 투지 상실로 용기도 자신도 없어지지요. (4) 마음이 산만하고 소홀해집니다. 외양이 흐트러지고 행동도 게을러집니다. (5) 마음이 오만해집니다. 잘난 체 하는 기색이 얼굴에 완연하게 드러나지요. 이 다섯 가지 마음 상태는 자신의 본심을 제대로 간직하지 못한 결과로 나타난 것입니다. 본심을 제대로 간직하지 못한 까닭은 무엇일까요. 그것은 마음공부를 제대로 하지 않았기 때문입니다.

　군자가 활쏘기를 통해서 추구해야할 마음공부는 자신의 본심을 제대로 간직하는 것입니다.

---

8) 관덕정 기문을 번역하기 위하여 인터넷에서 참고한 기사는 다음과 같다. 「王阳明：君子之学，是追求内心而后有所得-<观德亭记>」(https://kknews.cc/essay/6z8er8m.html);
「《观德亭记》学习笔录-烈羽武道 」(http://www.liywd.com/nd.jsp?id=47);
「王阳明之《观德亭记》-夷仁弓道」(http://wushuwenhua.cn/yrgd/Index.html);
「君子之德需要具备的七心，你知道吗？」(https://kknews.cc/culture/pvx5m4j.html).

본심이 제대로 간직되면 (1) 마음이 단정하여지고, 자세도 곧바르게 펴집니다. (2) 마음이 경건하여져서, 용모가 정중해집니다. (3) 마음이 평온하여지고, 따라서 호흡도 편안하게 됩니다. (4) 마음이 하나로 모아짐으로, 목표에 시선을 집중할 수 있게 됩니다. (5) 마음이 사리(事理)를 관통하게 되어, 시의적절하게 일을 잘 처리할 수 있게 됩니다. (6) 마음이 지극히 순수해져서, 겸양하고 삼가며 규범을 잘 지키게 됩니다. (7) 마음이 한없이 관대해져, 승리해도 자만하지 않고, 패배해도 의기소침해 하지 않습니다. 이러한 일곱 가지의 마음 상태가 갖추어지면, 그것은 곧 군자의 덕을 이룬 것이라 할 수 있습니다.

군자는 모든 경우에 그 공부 즉, 본심을 간직하는 마음공부를 실천하려고 노력합니다. 활쏘기에서도 그러한 모습을 볼 수가 있습니다. 그래서 『예기』「사의」편에 "군주는 인자한 군주가 되는 것을 자신의 표적으로 삼고, 신하는 충성스러운 신하가 되는 것을 자신의 표적으로 삼고, 아버지는 자비로운 아버지가 되는 것을 자신의 표적으로 삼고, 자식은 효도하는 자식이 되는 것을 자신의 표적으로 삼는다."라는 말이 나오게 된 것입니다. 활쏘기의 핵심은 자기의 표적을 쏘아 맞히는 것입니다. 항상 본심을 추구하고 간직하려는 군자는 활을 쏠 때도 자기의 본심을 그 표적으로 삼습니다. 본심은 군주와 신하, 부친과 자식이 각자의 위치에 따라서 지녀할 바람직한 마음가짐 즉 덕목을 내재하고 있습니다. 따라서 군자가 자기의 본심을 표적으로 삼아 활을 쏜다는 말은 곧 자신이 지녀야할 바람직한 덕목을 본심으로부터 자득하려고 한다는 말과 다르지 않습니다. 이런 까닭으로 군자의 활쏘기를 보면 그들이 체득한 "덕을 살펴볼 수 있다"(觀德)라고 한 것입니다. 이상으로 관덕정 기문을 마칩니다..

【원문】

觀德亭記

君子之於射也。內志正。外體直。持弓矢審固。而後可以言中。故古者射以觀德。德也者。得之於其心也。君子之學。求以得之於其心。故君子之於射。以存其心也。

是故燥於其心者。其動妄。蕩於其心者。其視浮。歉於其心者。其氣餒。忽於其心者。其貌惰。傲於其心者。其色矜。五者心之不存也。不存也者。不學也。

君子之學於射。以存其心也。是故心端則體正。心敬則容肅。心平則氣舒。心專則視審。心通故時而理。心純故讓而恪。心宏故勝而不張。負而不弛。七者備而君子之德成。

君子無所不用其學也。於射見之矣。故曰爲人君者。以爲君鵠。爲人臣者。以爲臣鵠。爲人父者。以爲父鵠。爲人子者。以爲子鵠。射也者。射己之鵠也。鵠也者。心也。各射己之心也。各得己心而已。故曰可以觀德矣。作觀德亭記。

【글자 풀이】

審固(심고) : 자세히 살피고(심), 단단히 굳히다(고).

存其心(존기심): 그 마음을 간직한다. 여기서 심(心)은 왕양명의 심즉리 (心卽理)설에서 말하는 심으로서, 선천적으로 천리(天理) 즉 양지(良知)가 내재된 본심(本心)을 의미한다. 존심(存心)은 인욕(人慾)을 제거함으로써 선천적으로 선한 본심을 간직한다는 뜻이다. 유학자들이 수양공부를 통하여 추구하던 목표였다.[9]

燥 (조): 마를 조, 초조함.

妄 (망): 망녕될 망, 분별없이 행동하다, 안절부절 못하다.

蕩 (탕): 움직일 탕, 동요함.

歉 (겸): 흉년들 겸, 부족함, 창피함, 부끄러움. 歉疚(겸구): 양심에 가책을 느낌

餒 (뇌): 굶주릴 뇌, 부족함. 氣餒(기뇌): 투지 상실, 용가와 자신감을 잃음

忽 (홀): 소홀히 할 홀.

貌 (모): 모양 모, 얼굴, 예모, 표면상.

惰 (타): 게으를 타; 소홀히 하다.

傲 (오): 거만할 오.

色 (색): 빛 색; 얼굴 빛.

矜 (긍): 자랑할 긍.

端 (단): 바를 단; 바르다, 곧다.

敬 (경): 공경할 경; 공경하다, 경건하다.

容 (용): 얼굴 용; 얼굴, 모양, 몸가짐.

肅 (숙): 엄숙할 숙; 엄숙하다, 정중하다.

舒 (서): 펼 서; 펴다, 펴지다.

專 (전): 오로지 전.

時 (시): 때 시; 때맞추다, 때를 어기지 아니하다.

---

[9] 한동균 (2009), 「王陽明 心學에서 '心' 意味 硏究」, 『양명학』, (23), 69-87.

理 (리): 다스릴 리; 다스리다, 처리하다.
讓 (양): 사양할 양; 사양하다, 양보하다.
恪 (각): 삼갈 각; 삼가다, 삼감으로써 상대방을 공경하다.
宏 (굉): 클 굉; 크다, 넓다, 관대하다.
張 (장): 베풀 장; 활시위를 얹다, 자랑하다.
負 (부): (등에 짐을) 질 부; 승부에 지다.
弛 (이): 활 부릴 이; 느슨해지다, 낙심하다, 의기소침하다.
鵠 (곡): 고니 곡, 표적, 과녁. 천으로 만든 과녁을 후(帿 혹은 侯)라고 하는데 우리나라에서는 솔포[射布]라고 한다. 후의 중앙에 네모난 형태의 가죽을 붙이고 동물을 그린 것을 곡(鵠)이라고 하였고, 가죽 대신 네모난 천에 동물을 그린 것을 정(正)이라고 하였다. 여기에서 과녁의 중앙을 의미하는 정곡이라는 용어가 유래하였다.10)

【직역】

군자가 활쏘기를 할 때, 안으로 뜻을 바르게 하고, 밖으로 자세를 곧게 하며, 활과 화살을 잡고 살피며 굳힌다. 그런 후에 비로소 적중하고 안하고를 말할 수 있다. 그러므로 옛날에는 활쏘기로서 덕을 살펴보았다. 덕이란 그것을 마음에서 얻는 것이다. 군자의 학문은 마음에서 얻는 것을 추구하는 것이다. 그러므로 군자는 활쏘기를 할 때, 그 마음을 간직하려 한다.

그런 까닭에 그 마음에 초조함이 있는 자는 그 행동이 안절부절 못하고, 그 마음에 동요함이 있는 자는 그 시선이 고정되지 못하고, 그 마음에 부끄러움이 있는 자는 그 용기를 상실하고, 그 마음에 소홀함이 있는 자는 그 외모가 나태하고, 그 마음에 오만함이 있는 자는 그 낯빛에 잘난 체함이 드러난다. 이 다섯 가지는 마음이 간직되지 못한 것이다. 간직되지 못하였다는 것은 배우지 않은 것이다.

군자가 활쏘기에서 배우는 것은 그 마음을 간직하는 것이다. 그런 까닭에 마음이 단정하여 몸이 바르게 되고, 마음이 공경하여 용모가 엄숙해지며, 마음이 평온하여 호흡이 느긋해지고, 마음이 하나에 집중되어 보는 것이 자세해진다. 마음이 관통하여, 때와 이치에 맞게 행동한다, 마음이 순수하여 양보하고 삼가며, 마음이 관대하여 이겨도 뽐내지 않고, 지더라도 낙심하지 않

---

10) 이중화 (1929), 『조선의 궁술』 (경성: 조선궁술연구회), 36.

는다. 이러한 일곱 가지가 갖추어지면 군자의 덕이 이루진다.

군자는 그 배운 것을 쓰지 않는 바가 없다. 활쏘기에서 그것을 볼 수 있다. 그러므로 "남의 군주가 된 자는 군주로서 곡을 삼고, 남의 신하가 된 자는 신하로서 곡을 삼으며, 남의 아비가 된 자는 아비로서 곡을 삼고, 남의 자식이 된 자는 자식으로서 곡을 삼는다."라고 하였다. 활쏘기라는 것은 자기의 곡을 쏘는 것이다. 곡은 마음이다. 각각 자기의 마음을 쏜다는 것은 각각 자기의 마음을 얻으려는 것일 따름이다. 그러므로 "덕을 살펴볼 수 있다"라고 한 것이다. 관덕정기문을 짓다.

사말 안현호의 온깍지 입문기

안현호(경기 시흥정 사원)

1. 온깍지활쏘기학교에 가다

20여 년 전에, 여배우 지나 데이비스의 취미가 양궁이라는 걸 알고, '취미로 양궁을 하는 사람도 있구나!' 생각만 하고 '나도 언젠가 활쏘기를 해볼까?'라는 생각을 마음에 두었습니다. 최근 몇 년 동안에 에픽테토스, 노자, 에크하르트 톨레, 슈리 라마나 마하리쉬, 오쇼 라즈니쉬, 류시화 등을 읽으면서 내면에 관한 관심을 두고 위파사나를 몇 번 시도를 해봤으나 마음관찰도 못 하는 마당에 위파사나는 언감생심이었습니다.

2018년 6월 시흥정 앞으로 사업장을 이전하면서 국궁장을 등록하리라 마음먹었습니다. 활쏘기를 하면 동작 하나하나를 주의하면서 나를 관찰할 수 있고 궁극적으로는 무아의 경지인 사마디(Samādhi, 三昧)를 체험하여 참 자아(아트만)을 만나지 않을까, 하는 생각을 해봤습니다. 그러나 이전한 사업장의 인테리어에 신경을 쓰고 건물에서도 하자가 나오면서 좀처럼 시간이 나지 않다가 2019년 6월에야 시흥정에 등록하였습니다. 시흥정에 등록할 때 시흥정 사두님이 "왜 국궁을 하냐?"는 물음에 "깨달음을 얻기 위해서."라고 대답했습니다.

시흥정에 등록한 후에 빈 활 당기기부터 시작해서 주살질 그리고 사대에 서고부터 사법에 많은 고민이 있었습니다. 시흥정 교본인『생각하는 활쏘기』를 보면서 연습을 하라는데, 이게 그것인지 제 수준에서 해석해야 하기에 봐도 모르겠고, 속 시원히 가르쳐 주는 사람도 없고, 활쏘는 자세는 사람마다 다 다르고, 해서 유튜브를 보면서 온깍지, 고자채기 등 이것저것 연습해 보았다가 사범님과 여러 사람의 잔소리를 듣다가, 시수가 나지 않아서 다시 턱 밑에 살을 놓고 쏘는 반깍지로 돌아갔습니다.

결국, 매일 매일 '얼마나 시수가 더 잘 나올까?'를 궁리하는 지경으로 과녁에 집착하게 되었고, 내가 활을 처음 배우며 기대했던 위파사나는 생각지도 못하는 상황이었습니다. 좀 더 활을 잘 맞히자는 생각으로 그 당시『활쏘기의 나침반』을 시작으로『우리 활 이야기』,『활쏘기의 지름길』,『조선의 궁술』,『사법비전공하』,『조선과 중국의 궁술』등을 도서관에서 빌리거나 사서 읽는 과정에서 온깍지를 제대로 한번 배워보자는 마음을 먹었습니다.

2020년 상반기에 『활쏘기의 나침반』에 소개된 온깍지활쏘기학교에 등록하기로 마음먹고 다음카페 "온깍지활터"를 검색하고 들어와 보니 교육 장소가 청주이고 교육 신청 기간도 이미 끝난 상황이라, 똑같은 온깍지를 가르친다는 가까운 또 다른 곳을 알아볼까 하다가, 거기는 활쏘기의 기능 위주로 실내에서 가르치는 곳이라는 생각이 들었습니다. 반면에 온깍지활쏘기학교는 안내문을 비롯하여 카페의 글들을 읽어보면, 온깍지에 대한 철학이 있고, 또 실외에서 하는 교육이라 하반기 교육 모집 기간을 좀 기다리더라도, 하반기에 신청하기로 마음먹었습니다. 일단 교육 받기로 결심한 이상 선착순 모집에서 순위에 밀릴 것 같아 빨리 신청하고자 하는 마음에 7월 11일 다음카페 "온깍지활터"에 들어와 정진명 교두님의 이메일을 확인해서 교두님께 '신청서를 어떻게 접수하는지?' 이메일로 보내어 온깍지활쏘기학교를 신청하게 되었습니다.

2. 온깍지활쏘기학교 공부과정

1) 첫 번째 수업(9월 26일)

원래 첫 수업은 9월 12일이었으나 '코로나19' 재확산으로 거리 두기 2단계가 시행됨에 따라 첫 수업은 10월 26일로 연기되었습니다. 수업 전날에 뭘 어떻게 준비할까를 고민하며 이메일을 아무리 찾아봐도 수업준비물을 몰랐습니다. 교두님 책에서 과녁 맞히기에 혈안이 된 활터의 분위기에서 강궁, 개량궁, 숫깍지의 비판 글을 봤기에, '활쏘기학교 교육장에는 각궁, 죽시로 교육하는가 보다!'라고 생각하여 궁시를 지참하지 않고, 갖고 있던 『활쏘기의 나침반』만 들고 교육장으로 갔습니다. 첫 수업 당일 아침 5시에 일어나 6시에 집에서 출발하여 수업 장소인 청주 남일게이트볼 주차장에 도착하니 아침 7시 30분, 차에서 잠을 좀 자다가 근처 김밥집에서 간단히 식사를 해결하고, 10시 수업을 준비하러 교육장 앞에서 준비하는 중에, 정 교두님이 책을 한 상자 갖고 오시는 걸 뵙고 수업에 참석하였습니다. 제가 갖고있는 책에는 교두님이 직접사인을 해주셨고 교두님이 갖고 오신 책에는 미리 저자 사인이 되어서 감동했습니다. 사실 도서관이나 서점에 정진명 저자로 나와 있는 책은 극히 일부분이어서 절판된 책도 많은데 이렇게 많은 책을 받을 수 있어서 좋았습니다.

오전에는 활쏘기의 이론은 『조선의 궁술』표지와 같은 『전통 활쏘기』교재로 하는데 책 내용에 익숙한 부분이 많았습니다. 수업방식은 주로 교재를 돌아가면서 읽다가 교두님이 중간중간 설명해 주시는 방식이었습니다. 첫날이라 그런지 수강생 대부분은 수업 시간에 질문 없이 조용히 수업에 동참하는 분위기였고 50분 수업 10분 휴식 시간에 대화를 하거나 질문을 하곤 했습니다.

　수업을 받으면서 느낀 감정은, 교두님이 설명하는 교재 내용보다는 교두님의 말소리와 표정에서, 온깍지활쏘기라는 의미에 대해서 우리가 현재 어디에 와 있고 무엇을 하고 있는지 진지하게 느낄 수 있었습니다(나는 역사의 또 다른 한순간을 지나고 있구나). 이론 교육에서 제가 처음 국궁을 접했던 마음 -활쏘기를 하면서 동작 하나하나를 주의하면서 나를 관찰한다-으로 다시 돌아갈 수 있었습니다. 맞히고자 하는 집착에서 벗어난다. 과녁을 맞히는 쾌감 자극 부분이 아닌, 내가 나를 바라볼 수 있는 전체로 있는 그대로 활쏘기를 하기로 하였습니다. 점심은 '농협로컬푸드&한우식당'에서 한식뷔페를 먹었는데 식사도 잘 나오고 디저트도 좋았습니다.

　오후에는 장수바위터에서 사법을 교육받았습니다. 각자 기존의 발시 방법대로 한 순을 내라는 류 교두님의 말씀에 따라 저는 궁시, 깍지, 궁대 중, 갖고 온 것이 아무것도 없기에 처음 써보는 암깍지는 정 교두님께 빌리고 궁시는 다른 분 것을 빌려서 발시를 했습니다. 류 교두님은 저의 궁체를 보시고, "심각한 반깍지 병인데 교정할 수 있는지 모르겠다!"고 하셨습니다. 나중에야 안 일이지만, 그 당시에 제 궁체가 너무 엉망이라 어디에서부터 설명할지 모르는 상황이었던 것 같습니다. 모든 수강자는 본인들이 현재 사용하는 활의 세기를 5호 낮춰서 연습하여야 한다고 말씀하셨고, 팔이 다 펴지기 전에 중구미를 엎으라는 지도를 받았는데 팔이 펴지기 다 전에 중구미를 엎는다는 동작은 도저히 몸이 따라주지 않는 불가능한 동작이었습니다. 두 교두님들이 시범을 보여 주시기도 하셨는데 한복을 입고 코스모스 핀 벌판을 향해 온깍지로 활 내는 모습은 지금 생각해도 가장 아름다운 모습이었습니다.

　반깍지 사법으로 연습할 당시에 호흡법은 유튜브의 한 국궁방송을 통해서 활을 당길 때 내뱉는 호흡법을 배웠고, 발시 할 때는 터키의 카트라(Khatra)를 소개하면서 고자 채는 방법으로 손목을 약간 젖히는 방법을 배웠는데, 그것들이 아직도 사라지지 않고 종종 나타나는 활병 후유증입니다. 그 유튜브에서는, "『조선의 궁술』에서는 줌손 흘려쥐기와 분문 조이기가 없다."고 했는데, 온깍지활쏘기학교 수업에서 류 교두님께 활을 당길 때 숨을 들이마시는 게 맞는다는 확인을 받고, 그때부터 당길 때 숨을 들이마시는 연습을 했습니다. 인터넷에 떠도는 여러 가지 정보들이 잘못된 내용들이 아주 많아서 아무것도 모르는 신사들에게는 정말 두고두고 해를 끼치는구나 하는 생각을 했습니다. 중구미는 가르쳐주신 대로 엎어서 밀려고 했지만 뜻대로 잘 안되는 상황이고, 깍짓손만 힘차게 뒤로 빼는 것만 연습했습니다.

　그리고 집궁 당시부터 시흥정 사범님이 선택해 주신대로 대한궁 48호를 사용했는데 그다음 주 월요일(9월 28일) 오후에 부평에 있는 제일궁에 직접 방문해서 제일궁 43호를 새로 구입했습니다.

2) 우암정 방문(10월 5일, 월, 오후)

　수강생들과 합의된 다음 수업 시간은 10월 10일(토)이었으나, 저는 그날 가족들과의 2박3일간의 여행이 사전에 예약되어 있었기에, 저만은 10월 17일(토)에 수업이 잡혀있었습니다. 저의 경우에 첫 수업으로부터 둘째 수업까지는 3주가 남았으므로, 중간에 궁체를 점검받지 못하면 다 잊힐 것 같아서 고민하다가 10월 4일(일)오후에 류 교두님께 우암정으로 찾아 뵈어도 좋은지 여쭤보았고 류 교두님은 오후 5시 반경에 계시다고 해서 다음 날에 찾아뵙기로 했습니다. 10월 5일 (월) 오후 점심 식사를 끝내고 청주 우암정에 오후 4시에 도착했으나, 주차장에서 류 교두님을 기다리다가 5시 20분에 우암정에서 류 교두님을 뵈었습니다. 저는 우암정 방문할 당시에 우암정 사원들은 대부분 온깍지로 활을 낼 것이라는 기대를 가졌지만, 거의 대부분 반깍지로 활을 내고 있었습니다. 그 상황에서 류 교두님 옆에서 온깍지로 활을 내고 있었던 여무사님도 계셨는데(온깍지활쏘기학교 14회 졸업한 이정빈 선배님이란 걸 나중에 안 일이지만), 작은 신체인데도 활 쏘임이 야무졌다는 인상을 받았습니다.

　그때 교육은 "걸치기할 때는 활을 45% 정도 기울여야 하고 팔에 힘을 빼고 기생 안 듯이 둥글게 말아야 한다. 거궁이나 이전 시에 숨쉬기의 속도는 일정해야 하며 중구미를 엎은 상태로 밀고 당기기는 균형을 이루어야 한다. 현재의 43호의 활도 더 약한 것으로 바꿔야 한다."였습니다. 그렇게 약 한 시간 정도 지도를 받고 7시경에 집으로 올라왔습니다. 10월 13일에 다음 카페 "온깍지활쏘기학교" '한 줄 출석부'에서 여러분께 문의한 후 태극궁 단궁 37호를 구입하기로 하고 주문하였습니다.

3) 두 번째 수업(10월 17일)

　오늘은 저 혼자만의 수업이 있는 날입니다. 오전 11시에 제일궁 43호를 갖고 집에서 출발하여 3시간만에 공군사관학교 입구에 도착해서 점심으로 급하게 돼지고기너비튀김을 먹고 장수바위터로 2시 반경에 갔습니다. 두 교두님이 계셨고, 김영구 접장님, 김현진 접장님 등과 같이 습사를 했습니다. 그때 받은 교육은 "처음에는 교정이 안 될 것 같았는데 많이 좋아 졌다(구제 불능은 아니라는 뜻). 현재 거궁한 후에 깍짓손을 확 당기는 게 아니라 호흡에 맞춰서 당겨야 한다. 거궁한 후 머리 위에서 활을 멈추면 안 되고 동작은 연속적이어야 한다. 현재의 43호는 상당히 버거운 상태다." 5시까지 활을 내다가 정 교두님의 제안에 따라 두 교두님과 김영구, 김현진 두 접장님과 함께 저녁 식사를 하기 위해서 추어탕집으로 가게 되었습니다. 약간의 반주와 함께 추어탕을 먹으며 온깍지에 대해 많은 얘기를 나눴습니다.

4) 세 번째 수업(10월 24일)

10월 13일에 주문한 태극궁 단궁 37호를 류 교두님의 조언에 따라 여러 번 서둘러 달라고 전화로 부탁드려서 10일만인 10월 23일에 택배로 받게 되었습니다. 세 번째 수업인 이날은 단궁 37호를 갖고 수업에 참여했습니다. 팔이 다 펴지기 전에 중구미를 엎는다는 동작은 아직도 잘 되어 불편했습니다. 솔포 과녁을 세우고 활을 내었는데, 솔포 세우기가 체계적이었고 태풍이 불어도 넘어가지 않을 의외로 단단한 과녁이 되었습니다. 멀리서 본 솔포는 현재의 과녁보다 작지만, 저의 활 쏘임으로는 맞출 수 없는 상황이었습니다.

가. 초 몰기를 하다(10월 28일, 저녁 7시)

10월 28일 저녁 7시경에 퇴근 시간에 활터를 지나다가 보니, 정에 불이 켜져 있어서 오전에 활터에는 다녀왔지만, 또 한 번 정에 들어가 보기로 했습니다. 사두님이 혼자 활을 내려고 준비 중이었는데 저도 참여하기로 단궁 37호를 갖고 활을 올리며 준비 중에 서현민 접장이 퇴근 후에 합류하게 되어 결국 셋이 같이 활을 내게 되었습니다. 이날 따라 바람이 좀 많이 불고 밤이라서 사대와 과녁만 등이 켜진 상태라 온깍지 중구미 엎는 연습을 하기로 하고 시위를 당겼는데, 1중 "음, 어쩌다…." 그리고 2중 "음, 또 어쩌다." 그리고 3중 "음, 실수로 3중." 그리고 4중, "아, 오늘은 실수가 많은 날이지, 지금까지 4중은 수십 번 해보고 혼자서 몰기도 해봤는데 이번에는 초몰기 불가능하지, 연습에 집중하자!" 그런데, 5중 "엥? 갑자기 초몰기를. 준비도 못 했는데…." 뭐 어쨌든 실감은 안 나지만 초몰기를 했습니다. 사두님이랑 서현민 정장이 엄청 기뻐하고, 아무튼 정에 있는 다른 여러 명과 같이 염소전골집에 가서 저녁 식사를 맛있게 했습니다. 그런데 서현민 접장 말로는 초몰기할 때 깍지 떼는 제 모습이 엄청 자연스럽더랍니다. 저도 의식을 하지 않고 활을 냈는데 깍지가 저도 모르게 넘어가는 것 같았습니다. 그 이후로 여러 번 서현민 접장과 같이 활을 낸 적 있지만, 그때처럼 자연스럽게 활을 쏘는 걸 못 보고 있다네요.

나. 경기도 전통 무예 지원 및 활성화 방안 정책토론회 참석(11월 2일)

온깍지활터 카페에서 정 교두님의 공지를 보고 수원시에 있는 "여성비전센터 대강당"에서 2시부터 하는 토론회에 참관하였습니다. 코로나19로 유튜브로 생방송되는 것이라서, 직접 참가는 불가능하였는데, 정 교두님이 참석자 일행으로 따라가면 된다고 하여, 역사적인 현장을 직접 볼 수 있는 소중한 기회를 가졌습니다. 전통 무예를 공론화하여 토론하며 사람들의 관심을 불러일으키는 의도가 좋았고 정책적으로도 방향을 제시했다는 점에서 좋았습니다. 그리고 짧은 인생에 평생을 걸쳐서 이러한 전통 무예를 이끌어온 무예인들을 보았습니다. 태껸, 무예도보통지 18기, 해동검도, 본국검, 마상무예의 달인들이 각자 자기가 경험한 내용을 소개하고 정책을 제안하는 모습은 인상깊었습니다.

5) 장수바위터 방문(11월 7일, 토, 오전)

지난 수업이 10월 24일이었고, 다음 수업이 활쏘기학교 졸업식이라 아쉬움이 커서 토요일 날 오전에 장수바위터에 방문할 마음으로 단톡방에 17회 동기들에게 참석을 공지하였습니다. 당일 아침에 17회 동기인 조광현 접장이 미리 나와 있어서 같이 습사를 하기로 하던 중에, 본인 죽시를 한 번 쏴보라는 조광현 접장의 권유로 처음으로 죽시를 쏴 보았습니다. 죽시가 과녁에는 못 미쳤지만 발시 순간에 면도칼이 소리도 없이 바람을 가르는 느낌을 받았습니다. 이후에는 개량시로 연습을 하는데 죽시에 비해 거칠고 뻣뻣하다는 느낌이었습니다. 조광현 접장과 연습 중에 제가 발시하는 모습을 본 조접장은 제가 거궁 시에는 활이 기울어져 있지만 발시 즈음에는 활기울기가 거의 없다는 겁니다. 역시 제가 속으로 생각하며 연습하는 저의 모습보다는 다른 사람이 본 모습이 정확하다고 생각하며 연습을 하였습니다.

이후에 김겨레 접장과 동참하여 10시에 오시는 류 교두님께 같이 습사를 하며 지도를 받았습니다. 류 교두님은 제가 많이 나아지기는 했지만, 아직도 중구미 엎는 동작이 부족하고 깍짓손은 귀 뒤로 그대로 쭉 빼라고 하셨습니다. 간만에 찾아가서 교육을 받는 거라 조금이라도 더 연습하는 중에 점심시간이 지난 오후 2시경에 우리 4명은 늦은 점심으로 '청남대한우' 식당에서 우거지탕을 먹고 헤어졌습니다.

가. 경기도 궁도협회장기 남.녀 궁도대회 참석(11월 8일)

우리 정인 시흥정에서 '경기도 궁도협회장기 남.녀 궁도대회(11월7일~8일)'가 개최될 예정이지만, 제 실력에 감히 참가할 생각을 하지 못했는데 사두님의 권유로 평생 처음으로 궁도대회를 신청를 하게 되었습니다. 마침 온깍지 활쏘기학교를 졸업한 이천 설봉정 남관 박덕환 선배님이 11월 8일 오전 10시에 참가하신다고 하여 저도 그날 아침 8시 일정에 참가 신청하였습니다. 11월 8일 아침 7시 반에 도착해서 궁시 점검받고 경기에 참석했습니다. 내심 여러 궁사의 활 솜씨를 볼 수 있겠다는 기대감이 있었는데, 경기 진행 절차 상 코로나 감염 예방 때문에 다음 차례가 아니면 선수들 바로 뒤에서 관람이 금지되었습니다.

할 수 없이 좀 떨어진 측면에서 여러 사람의 활 쏘는 사람들을 봤습니다만, 온깍지로 쏘는 사람들은 없고 반깍지를 쏘는 대부분의 실력자들은 상체가 기괴하게 꼬인 상태로 쏘는 사람들이었습니다. 심지어는 활을 쏠 때 소아마비처럼 온몸을 꼬고 쏘는 사람도 봤습니다. 그런데도 잘 맞추는 걸 보고 신기했는데 나중에 활을 다 쏜 후에 서있는 모습을 보니 정상인이었습니다. 수많은 사람 중에서 그렇게 눈여겨 볼만한 사람들은 없었습니다.

어쨌든 저는 그날 실력도 실력이지만 바람이 많이 부는 날에 경기 순서도 생소하기도 하여, 1순-1중, 2순-불, 3순-1중으로 순점을 하였습니다. 경기 휴식 시간에 박덕환 접장님께 전화해보니 이천 설봉정 참가자들과 같이 올라오고 있다는 통화를 했습니다. 5분 거리에 있는 사무실에서 편한 일상복으로 갈아입고 박덕환 선배님을 뵈었습니다. 밖에서 온라인 카페에서만 뵈었던 선배님을 직접 만나서 잠깐이지만, 많은 얘기를 나누니 좋았습니다. 날씨가 추웠고 각 정에서 단체로 참가하는 경기 일정상 단독으로 어디 조용한 곳에 가기도 어려워서 같이 식사는 못했지만, 소중한 시간이었습니다.

6) 네 번째 수업 및 졸업식(11월 14일)

일주일 전의 장수바위터에서 류 교두님의 가르침을 새기면서 매일 아침저녁으로 중구미 엎는 과정을 연습했습니다. 류 교두님께 마지막 수업에서만이라도 개선된 모습을 보여 주고자 열심히 연습했습니다.

수업 당일 아침 6시에 집을 나섰는데, 그날따라 안개가 껴서 그러는지 3시간 걸려서 청주 남일게이트볼 주차장에 도착하였습니다. 마지막 수업은 『활쏘기의 나침반』으로 오전에 교육을 받고 졸업장을 받았습니다. 이 역사적인 졸업장을 받는 날, 내 마음은 감개무량이었습니다. 오후에는 '농협로컬푸드&한우식당'에서 한식뷔페에서 점심 식사를 하고 장수바위터로 이동했습니다. 오후 궁체수업에서는 류 교두님의 가르침은 지금의 중구미 엎는 방향은 계속 정진하고 깍짓손은 팔이 아닌 어깨(등)를 뒤로 빼라는 지도를 받았습니다.

오후에는 코로나(Covid)19 감염 우려로 인하여 올해 한 번도 진행되지 않았던 전통 편사를 겸해서 졸업 행사를 하게 되었고, 정 교두님의 제자들인 김은빈, 엄유정, 이소정 3명의 가야금 병창 공연을 직접 코앞에서 보는 즐거움을 누렸고, 뒤이어 활쏘기가 진행되면서 획창을 곁들여 전통 활쏘기를 화려하게 풍요롭게 하였습니다. 온깍지활쏘기학교 카페에서 동영상으로만 보아온 명창들의 생생한 공연과 선배님들의 살아있는 궁체를 직접 볼 수 있어서 좋았습니다. 활터에 몇 백년의 전통문화가 살아서 어우러지게 움직이는 모습을 보았습니다.

3. 온깍지활쏘기학교 공부의 남는 점

지금 종편방송을 포함한 TV나 SNS는 정치방송, 관찰 예능 프로그램, 음식, 게임 등 자극적이고 충동적인 내용으로 가득합니다. 물론 사람들의 이목을 끌어야 하기 때문이기도 하지만, 보통의 사람들도 거기에 중독되다시피 해서 자연적으로 끌리는 것 같습니다. 가만히 보면 지금 일어나는 사회의 문제들 대부분은 분노, 쾌감 여기에서 일어나고 있습니다. 안 좋은 사건이 일어나면 누군가에게 책임을 돌리고 그것도 안 되면 술에게, 그것도 안 되면 어린 시절의 불우한 환경으로 돌립니다. 예를 들면, 병이 깨졌으면 깨진 병에 누군가 다치기 전에 치울 생각을 하지 않고 누군가 무슨 의도로 이런 일이 일어났는지를 분석하고 누군가에게 분노를 표출합니다.

활쏘기에서 과녁을 맞히는 쾌감의 자극에 중독되면 몸이 망가지는 건 둘째고, 정신이 피폐해지는 것 같습니다. 많이 맞힐수록 고요한 정신이 되는 것이 아니라 거기에 집착해서 사법도 많이 맞출 수 있는 사법을 궁리하고 궁시에 집착하게 됩니다.

그런데 온깍지활쏘기에서는 활을 쏠 때 편안한 바른 자세로 온몸의 균형 잡힌 움직임으로 쏘아야 하고 내면이 고요한 정신으로 활을 쏘아야 한다고 가르쳐서 자연스럽게 나를 되돌아보게 됩니다. 먼 곳으로 여기저기 쏘다녔던 정신을 다시 한번 정리하는 시간 고요한 내면의 시간을 갖게 해줍니다. 본인이 원한다면 언젠가 수행의 과정을 정진한다면 내면의 나를 관찰할 수 있고 그 속에서 어떠한 것으로도 깨질 수 없는 불멸의 참 자아(아트만)을 만날 수 있다고 봅니다.

어느 책에서 나온 글귀가 생각납니다.

"과녁 맞히는 행위는 본인의 활쏘기가 제대로 되어있는지에 대한 점검에 불과하다."

온깍지활쏘기학교에서 활쏘는 행위를 배우기보다는 '활쏘기'라는 '문화'를 배웠습니다. 현대의 급변하는 세상에서 뭐가 뭔지도 모르는 채 시간의 흐름 속에서 대중의 무리와 함께 휩쓸리면서 지나오고 나면 별것 아닌 것에 휘둘리는 소용돌이 속에서도 온깍지활쏘기를 하는 동안에는 한 걸음 늦춰서 주변을 둘러보며 나를 점검하는 여유를 배웠습니다. 오랜 역사의 과정을 걸쳐서 내려온 활쏘기의 문화에서 과거의 선조들을 만나서 옛사람들과 같이 지나간 세월을 함께할 수 있고 그들을 존경하고 감사하는 좋은 경험이었습니다. 같은 수련을 하는 각지에 흩어져 있는 여러 동문님을 만나면서 이러한 좋은 체험은 배가 되는 것 같습니다.

4. 마무리

　온깍지 교육을 받는 과정 중에 온깍지는 옛사람들의 지나간 세월을 존경하고 감사하는 것이라 생각되어, 우리 정의 고문 어르신들에게 식당에서 점심 식사를 대접하고 싶은 마음이 생겨났습니다. 어르신들을 모시고 식당에서 식사하던 중에, 우리 정이 생긴 이래 이런 일이 처음이라는 사두님의 말씀에, 지나온 세월을 잃어버리고 모두들 현재의 시수에만 관심을 갖는 활터문화에 씁쓸합니다. 저는 종종 활을 쏘면서 "진정한 포기는 행위의 결과에 집착을 포기하는 것이다"라는 책의 글귀가 생각납니다. 결국 최선을 다해서 활을 쏘는 행위를 하되 시위를 떠난 화살이 과녁에 맞는지 여부와 관계없이, 내면의 행위에 집중한다는 의미로 받아들입니다. 그런데 무슨 일이든 집착이 있으면, 그 집착에 사람의 감정이 씌워지고 나도 모르게 거기에 인격이 부여되는 과정에서, 하나의 우상을 만들어버립니다. 저에게 온깍지는 최소한 나를 한 번 점검할 기회가 되어 이러한 굴레에서 벗어나게 해줍니다.

　교육과정을 모두 마치며 온깍지활쏘기학교를 통해 살아있는 활 문화를 배울 수 있게 도움주신 정진명, 류근원 교두님께 감사드립니다.

　그동안 많은 세월 동안 수많은 역경을 겪으시며 집요하게 온깍지활쏘기를 전파하느라 고생하신 두 분께 감사드리며, 이에 동참하신 선배님들께 감사드립니다.

제 2 부

朝鮮弓道會定款

第一章 總則

난　　라 함

第一條　本會ハ朝鮮弓道會ト稱ス

　　　　은　　을 하야　　의　　의　　과　　의 을

第二條　本會ハ朝鮮弓道ヲ獎勵シテ國民ノ心德及體育ノ涵養向上並ニ會員相互ノ親睦ヲ圖
　　　　함으로써　　　함
　　　　ルヲ以テ目的トス

　　　　의　　　는　　　에 함

第三條　本會ノ事務所ハ京城府ニ置ク

　　　　는　　에 히야　　에　　을　　함을　　함

第四條　本會ハ必要ニ應シ樞要地ニ支會ヲ設クルコトヲ得

第二章 會員

　　　　은　 의　　으로함

第五條　會員ハ左ノ二種トス

　　　　　　　　　　　을　 한 者로써　　　　　를 하야　의

一, 普通會員(會費年額貳圓ヲ納入シタルモノニシテ理事會ヲ經由シ會長ノ承認
　　　　이 有한 者
　　　　リタルモ

　　　　　　　　　　　난　　　을　 한 者로써

二, 特別會員(會費年額參圓又ハ一時金貳拾以上ヲ納入シタルモノニシテ理事會
　　　　　을 하야　의　이 有한 者
　　　　ヲ經由シ會長ノ承認ァリタルモ

　　　　난　코져 하난 者는　을　에 할 事

第六條　入會又ハ退會セシトスルモノハ其旨ヲ會長ニ申出ツヘシ
　　　　의　이 有한 時는　　　　　을 하기로 함
　　　　入會ノ承認ァリタルルトハ入會金五拾錢ヲ納入スルモノトス

　　　　　　에　하야는 을　치아니홈
　　　　但特別會員ニ限リ入會金ヲ要セス
　　　　할 時에는　의　　　　은 此를　치 안 키로 함
　　　　退會シタリトハ既納ノ入會金及會費ハ之ヲ返還セサルモノトス
　　　　는　을　　하야　에 하야
　　　　는 의　의 에　할 時는　　　　　의　　로써 此를 함이 有하
第七條　會費ハ左ノ各項ノ一ニ該當シタリトキハ平議員會ノ決議ヲ以ヲ除名スルコァ
　　　　기로 함
　　　　ルヘシ
　　　　　　　의　에　한　　는　의　　은　의　을　치 안는
　　一, 本會ノ趣旨ニ違反シタル行爲又ハ定款ノ規定或ハ本會ノ決議ヲ遵守セサル行
　　　　　가 有할 時
　　　　爲ァリタルトキ
　　　　　　의　을　　하는　가 有할 時
　　二, 本會ノ體面ヲ毀損スル行爲ァリタルトキ
　　　　　는　을　하야　에 하야　캐　　함
第八條　本會ハ會員證ヲ制定シ會員ニ限リ携帶セシムルモノトスト
　　　　　　第三章 役員
　　　　　에　의　을　함
第九條　本會ニ左ノ役員ヲ置ク
　　一, 理事 十人以內
　　二, 監査 三人以內
　　　　　는　　에서　으로붓터 하고　의　는　으로
第十條　理事及監査ハ平議員會ニテ會員ヨリ選擧シ理事ノ任期ハ二年ト
　　　함
　　　ス
　　　　　　　의　는　의　를 함
　　　　但補缺當選者ノ任期ハ前任者ノ殘期ヲ繼承ス
　　　　　은　를　하야를 함
第十一條　會長ハ會務ヲ統轄シ本會ヲ代表ス
　　　　는　을 하야　를 理함　할 時는　함

常務理事ハ會長ヲ補佐シ日常會務ヲ掌ル會長事故ァルトキハ代理ス

第十三條 理事ハ理事會ヲ組織シ重要ナル會務ヲ審議ス

理事會ハ會長之ヲ招集シ且議長トナル

第十四條 監査ハ本會ヲ監査ス

第四草 評議員

第十五條 本會ノ決議ニ依リ名望家ヲ以テ總裁及副總裁各一人ヲ推戴ス

第十六條 本會ハ理事會ノ決意ニ依リ顧問若干名ヲ推薦シ本會ノ重要事項ノ諮詢ヲ爲スモノトス

第十七條 本會ハ評議員三十人以內ヲ置ク

評議員ハ總會ニテ會員ヨリ之レヲ選擧シ其任期ハ二年トス

但補缺當選者ノ任期ハ前任者ノ殘期ヲ繼承ス

第十八條 本會ハ前條ノ不動産ノ以テ基本財産トス

第十九條 本會ノ會計年度ハ每年四月一日ヨリ翌年三月末日トス

附則

本會設立ト同時ニ本會ハ元朝鮮弓術硏究會ノ資産及事業ヲ全部引繼ヲ受ク

洪鎭泰 都廳
林昌番 〃
朴永愼 〃
愼○縡 案內所
朴昇裁 應射員豫待席
李建虎 應射員豫待席
張仁秀 案內所
朴憲琬 特別會員案內所
劉東煥 〃

黃鶴亭 擧旗一人 獲唱一人
石虎亭 擧旗一人 〃 一人
一可亭 擧旗一人
左龍亭 擧旗一人
西虎亭 擧旗一人
靑龍亭 〃
華水亭 〃
金虎亭 〃

乾交子 二床 雇価幷 十六円 十四日用
食交子 四床 二日分 〃 二十八円 食交子二床은 十三日用
麥酒 一升 四円 五十戈 十四日用
燒酒 四升三円二十戈 二升은 三日 二升은 十四日
倚子 百三十介
房席 三十介 ｝ 十三日 早朝
四仙床 三介
國旗 一枚

昭和八年度第一回定期決算書

借方		貸方	
朝鮮의 弓術(冊)	壹00,00	引繼	一六二,三0
全鎭夏(冊價)	六,00	入會金	一二九,五0

東一銀行支店(預金)　五,00	普通會費　　　一九四,00
막ㅋ　　　　　　八五,00	朴永鎭(借入)　　三,七四
仁川大會費　　二九0,00	
未拂込金　　　　四,八五	
雜費　　　　　　七二,一五	
計　　　　五六三, 0四	計　　　　五六三,0四

右와 如히 相違無함을 認함

　　昭和九年四月　　　日

　　　　　　　朝鮮弓道會
　　　　　　　　財務理事　朴永鎭
　　　　　　　　監査役　　劉海鍾
　　　　　　　　仝　　　　崔晶圭
(사진없음)　　　仝　　　　張厚植
　　　　　　　　　　　　　以上

拜啓益益淸健하심을 奉賀하나이다　陳者本月二十四日
(木曜)下午一時에 本會事務所에서 第一回定期會員總會를
開하오니 當日出席하심을 望함
　再當日出席키 難한 時는 別紙委任狀에 署名調印하시와
總會定時以內로 必히 到着되도록 通知하시압
　　昭和九年五月十七日
　　　　　　　朝鮮弓道會
　　　　　　　會長 成文永

　　會員各位

一, 前年度決算報告의 件
二, 本年度豫算決定의 件
三, 弓術大會開催의 件
四, 區域便射開催의 件
五, 會長及評議員辭任에 關한 件
六, 定款改定의 件
七, 其他必要事項

委任狀

拙者會員　　　　을 代理人으로 定하고 左記事項을 委任함

一, 昭和九年二月十四日朝鮮弓道會定期總會에出席하야一切
　　決議權에關한件

　昭和九年二月　日
　　　　住所
　　　　　　　　會員

朝鮮弓道會會長　殿

拜夏初夏에
貴體萬旺仰賀賀就悌過般區域便射時
遠路多日勞攘ᄒ심은 還切未安이외다 別紙
貴辭 免願書은 封還ᄒ오니 當初創立의
趣旨에 依ᄒ야 奮鬪努力ᄒ야 使本會立前
途開拓之地切仰仰耳餘不備禮
昭和九年六月二十日
　　　　生 成文永 拜謹
張仁秀 氏

拜啓時下
貴體上萬旺仰賀賀生狀依前狀已耳
就悌貴亭總裁張仁秀 氏가 私的業
務多忙을 理由로 弓道會理事 辭 勉
願을 提出ᄒ얏기 封還ᄒ엿사오니 同氏
의게 善爲勸諭ᄒ시와 諒解ᄒ시게
一應努力ᄒ심을 千萬切仰仰餘不備
禮上
　昭和九年六月二十日
　　　　　　成文永 再拜

順序
一, 總裁 副總裁 迎接(卒業)
　　仝射員箭門 妓生門堂
　　仝都廳到着後十分間休息
一, 總裁 副總裁 相談役 相見禮 射員 一同
　　이 揖
一, 祝辭
一, 發辭 總裁
一, 仝 副總裁
一, 射員 試射一巡 優勝便에 施賞
一, 總裁 副總裁進堂床
一, 退堂床後 餘興
一, 進食卓

　　　　優勝旗에 關한 決議書
一, 何團體을 勿論ㅎ고 優勝혼 時는 表
　　되는 首隊가 受領ㅎ야 臨時保管
　　홀 事
一, 連三勝혼 時는 當然 優勝旗 獲得
　　의 權利를 有홈 但 本會로부터 今
　　回 應射員에 對ㅎ야 相當혼 副賞
　　品을 贈與ㅎ고 優勝旗 返納케 홀 權利
　　를 有홈
一, 首隊가 臨時保管 中 單獨으로 他에
　　使用홈을 不得홈
一, 區域의 支障으로 因ㅎ야 便射實行이
　　不可能된 時는 優勝旗은 本會代表
　　會長에 返納홀 事
一, 本會의 支障으로 因ㅎ야 區域便射를
　　廢止케 혼 時는 優勝旗은 該團體의
　　應射혼 射員의 右籍된 射亭代表
　　者로 組織혼 會의 多數決議에 依ㅎ
　　야 處理홀 事

以上
右決議을 確守ᄒ기 爲ᄒ야 本決議書
八通을 作成ᄒ야 今回參加ᄒ 應射員의
在籍射亭代表가 各一通을 所持ᄒ고
壹通은 各 團體首隊의 連署로 朝鮮
弓道會에 提出ᄒᆯ 事
　　昭和九年八月十四日
　　　　京城 城內 首隊 金景鎭[도장]
　　　　仝 城外　首隊 朴允秀[도장]
　　　　仁川　　首隊 金敬順[도장]

昭和十二年三月二十九日改正

朝鮮體育協會規則
附 朝鮮神宮奉讚體育大會施行規則

朝鮮體育協會規則

第一章 名稱及本部

第一條 本會ハ朝鮮體育協會ト稱ニシ本部ヲ朝鮮總督府學務局社會教育科內ニ置ク

第二章 目的

第二條 本會ハ朝鮮ニ於ケル各種社會一般體育運動團體ヲ統轄助成シ融和連絡ヲ計リ之ガ健全ナル普及發達ヲ期シ運動精神ノ高揚ヲ圖ルヲ以テ目的トス

第三章 事業

第三條 本會ハ左ノ事業ヲ行フ

一 朝鮮神宮奉讚體育大會ノ開催 二 加盟團體ノ事業助成 三 其ノ他本會ノ目的達成上必要ナル事業

第四章 組織

第四條 本會ハ各道體育協會並ニ加盟運動競技團體ヲ以テ組織ス

第五章 役員

第五條 本會ニ左ノ役員ヲ置ク

會長 一 名	副會長 三 名
顧問 若干名	評議員 若干名
理事 五名(內常務理事一名)	書記 一 名

第六條 役員ノ任務左ノ通リトス

會長ハ本會統轄代表ス

副會長ハ會長ヲ補佐シ會長不在ノ場合ハ會長ノ指名シタル副會長職務ヲ代理ス

顧問ハ會長ノ諮問ニ應ズ

評議員ハ豫算決算其ノ他會長ノ附議シタス重要計劃事項ヲ決議ス

書記ハ上司命ヲ愛ケテ會務ニ從事ス

第七條 會長ニ朝鮮總督府學務局長ヲ推戴ス

副會長, 顧問及評議員ハ加盟團體ノ代表者及學德望高キ一般人士ヨリ會長之ヲ委囑ス

理事及常務理事書記ハ會長之ヲ任命ス

第八條 役員ノ任期ハ會長, 副會長, 顧問及理事ハ四年評議員ハ一年トス

第六章 平議員會

第九條　評議員ハ毎年三月中ニ會長之ヲ招集ス

第十條　會長ハ必要ニ依リ隋時ニ臨時平議員會ヲ招集スルコトヲ得

第十一條　平議員會ニ於テ附議セラルル事項左ノ如シ

　　一　豫算並決算　　　二　事業計畫　　　三　本會加盟又ハ脫退ノ承認
　　五　會則ノ變更　　　六　其ノ他重要事項

第十二條　平議員會ノ議事ハ出席シタル評議員ノ過半數ノ同意ヲ以テ決ス可否同數ナルトキハ議長ノ決スルトコニ平議員會ニ附議スベキ事項ニシテ緊急ヲ要スト認ムル事項ニ付テ決ス書面ヲ各評議員ノ意見ヲ聽キ過半數ノ同意ァリルキハ平議員會ノ決議ト看做ス

　　　　　第七章　會員

第十三條　本會ハ左ノ會員ヲ有ス

　　一　贊助會員　　　二　名譽會員

第十四條　贊助會員ハ於ケル體育運動競技ノ普及發達又ハ其ノ事業達成ニ關シ特ニ貢獻ァル者ノ中ヨリ平議員會ニ於ケ之 ヲ推薦シタル者トス

　　　　　第八章　資産及會計

第十五條　本會ノ資産ハ會員ノ醵出金補助金寄與金ヨリ成ル

第十六條　本會ノ會計年度ハ毎年四月一日ヨリ始マル翌年三月末日ニ終ル

　　　　　第九章　加盟團體

第十七條　運動競技團體ニシテ本會ニ加盟セントスルトキハ其ノ會ノ規約豫算及其ノ他參考事項ヲ祥具セル加盟申請書ヲ本會ニ提出シ許可ヲ受クベシ

第十八條　本會加盟團體ハ毎年二月十一日迄ニ左ニ揭グルモノヲ會長宛提出スルモノトス

　　一　役員及事務所ノ所在地　　二　會計現計報告　　三　次年度事業計劃並ニ歲入歲出豫算書

第十九條　加盟團體クシテ事業ヲ計劃シ若クハ他ノ主催ノ競技會ニ參加セントスルトキハ左ノ事項ヲ祥具シ會長ノ承認ヲ受クルモノトス

　　一　計劃ノ內容(競技會開催等ノ張合ハ事業ノ主體, 競技會名, 開催日時, 開催場所等)　二　財源ノ狀況ヲ受クルモノトス　　三　其ノ他參考事項

第二十條　朝鮮神宮奉讚體育大會ニ關スル規則ハ別ニ之ヲ定ム

　　　　　附則

規則ハ昭和十二年四月一日ヨリ施行ス

　　　　　附表

　　　加盟團體左ノ如シ

一　各道體育協會　　　二　全鮮陸上競技協會　　　三　京城水上競技聯盟
　　　四　朝鮮排球協會　　五　朝鮮氷上競技聯盟　　六　大日本バスケシボノル協會朝鮮之部
　　　七　朝鮮卓球協會　　　八　大日本漕艇協會朝鮮之部　九　京城弓友會
　　　十　朝鮮軟式庭球聯盟　　十一　朝鮮庭球聯盟　　　十二　全鮮軟式野球聯盟
　　　十三　朝鮮蹴球協會　　　十四　朝鮮相搏協會　　　十五　全鮮體操聯盟
　　　十六　朝鮮神宮奉讚馬術會

　　朝鮮神宮奉讚體育大會規則(昭和十一年三月二十八日改訂)
　第一條　朝鮮神宮奉讚體育大會(以後單ニ大會ト稱ス) ハ每年朝鮮神宮例祭ヲ中心トシテ之ヲ行フ大會ノ期日ハ朝鮮體育協會定時總會ノ決議ニヨ之定ム
　第二條　大會ハ朝鮮體育協會之ヲ主催ス
　第三條　大會各競技ハ特殊ノ事情アル競技ヲ除ク外京城府公設運動場ニ於テ之ヲ行フ
　第四條　大會ノ演技種目ハ左ノ十七種目トス
　　陸上競技, 水上競技, 氷上競技, 硬式野球, 軟式野球, 硬式庭球, 軟式庭球, 蹴球, ラグビー], 排球, 籠球, 卓球, 漕艇, 相搏, 弓道, 體操, 馬術
　第五條　大會ニ左ノ役員ヲ置ク
　　　　總　裁　一名　　　　會　長　一名
　　　　副會長　二名　　　　顧　問　若干名
　　　　準備委員　若干名　　　競技委員　若干名
　第六條　總裁ハ朝鮮總督府政務總監ヲ推戴ス
　　會長ハ朝鮮體育協會長ヲ以テ之ニ充ツ
　　副會長ハ朝鮮體育協會副會長ヲ以テ之ニ充ツ
　　顧問及ビ準備委員會並ニ競技委員ハ朝鮮體育協會理事會ニ於テ之ヲ定ム
　第七條　準備委員ハ準備委員會ノ決スルトユリ大會ノ準備並ニ實行ニ當ル
　第八條　競技委員ハ準備委員之ヲ推薦ス
　　準備委員ハ勁騎委員ヲ兼ヌルコトヲ妨ヂズ
　第九條　競技委員ハ大會競技ノ實行ニ當ル
　第十條　大會役員ノ任務ハ大會ノ終了ト共ニ終ル

收入之部				
科目		金額		備考
款	項			
操越金		円 六五	八六	華水亭 負擔金 二0,00幷
負擔金		一0	00	黃鶴亭十二年度分
仝		一0	00	石虎亭 〃
仝		一0	00	西虎亭 〃
仝		一0	00	青龍亭 〃
仝		一0	00	華水亭 〃
仝		一0	00	武德亭 〃
會費		二三八	00	會員二二五人及特別會費 會費六人分幷
雜收入		九	00	弓術冊九卷賣却代
計		三七二	八六	

支出之部				
科目		金額		備考
款	項			
事務費	印刷費	円 六	五0	賞狀百枚, 通知書, 二百枚, 手帒五十枚, 代幷
〃	需用費	五	一三	領收證十冊, 及紙筆墨代 役員總會通知費幷
通信費	切手代	三	七四	大會時地方通知時用
總會費	食代費其他	六	00	年中六回役員食代
事業費	試記冊帒	三	00	十二年度分
	代書料		二0	官廳屆出時用
	徽章代	六	一八	來賓, 役員及會員用
	名刺代		六0	官廳交際時常務理事二人分
	樂工	一三	00	大會時樂工雇賃
	妓生	二三	00	大會時妓生四名花代

京城府橋北町一〇六(電車停車場前)
吉祥紙物舖(電話光化門00一四)印行

	煙草代	一	九八	妓工, 擧旗, 劃唱 給與
	炭代	一	三0	大會時軍幕用
	賞品代	一四六	五五	大會時各等賞代
	料理代	一八	00	總裁致慰式用料理へ座代 及ポィ行下算
	電車費	三	三0	常務理事三人及劃唱給與
	自動車費	三	九0	會長, 理事, 官廳出入時 外其他
	食代	삼칠	二0	大會三日間擧旗, 劃唱, 劃官 及一般役員用
	ノシ紙代		五五	賞品造成時用
	食代	二	00	昨年度黃聖順許可給条
	手當	一一	00	十一年度石虎亭大會時擧旗, 劃 唱, 軟箭童三日分○レ分
	手當	一一	00	西虎亭大會時擧旗, 軟箭童, 劃 唱三日分, 給與分
	茶代		五0	○及角砂糖代
雜費		七	六五	特別會費集金手當及人夫雇價 其他午料幷
計		三一二	二八	

差引豫商 六拾円五拾八錢也

昭和十三年四月　日　會計理事　梁天昊　代[도장]

京城府橋北町一〇六(電車停車場前)
吉祥紙物鋪(電話光化門00一四)印行

昭和十三年度 収支決算書					
収入之部						
科目		金額		備考
款	項			
繰越金		円 六〇	五八	前年度ヨリ
大會	負擔金	一〇	00	黃鶴亭ヨリ
仝	〃	一〇	00	石虎亭ヨリ
仝	〃	一〇	00	靑龍亭ヨリ
仝	〃	一〇	00	西虎亭ヨリ
仝	〃	一〇	00	華水亭ヨリ
仝	〃	一〇	00	武德亭ヨリ
仝	〃	一〇	00	龍虎亭ヨリ
仝	〃	一〇	00	崇武亭ヨリ
仝	〃	一〇	00	蘇來亭ヨリ
仝	〃	一〇	00	松鶴亭ヨリ
雜收入	弓術冊 賣却代	七	00	六卷ハ賞品 一卷ハ平壤ヘ賣却〇
大會	會費	二九四	00	大會人員二四三人特別會員費 三人分新入金九七人分四八,五〇廾
計		四六二	〇八	

支出之部				
科目		金額		
款	項			
事務費	印刷費	円 六	五〇	通知書三百枚, 心得ギ三百枚 及淸帒紙五十枚代幷

京城鐘路三丁目丁廣昌紙物商業印行
(電話光化門③七四九番)
(振替口座京城二六八〇三番地)

〃	需用費	六	一七	紙筆墨, 領收證五冊代及 任員會通知費等
通信費	切手代	三	九〇	大會通知時錢切手百三十枚 代

總會費	任員午飯代	五	八五	年中五回集合時用
事業費	試記冊代	三	00	本年度十二回分
〃	代書料		二0	官廳屆出時用
〃	徽章代	五	二六	來賓, 任員及會員用

京城府橋北町一〇六(電車停車場前)
吉祥紙物鋪(電話光化門00一四)印行

〃	煙草代	一	四四	來賓及擧旗劃唱接待時
〃	自動車費	二	一0	會長, 理事 官廳交涉時 及場所來往時
〃	電車費	三	00	林理事二円洪理事, 朴理事 一円
〃	設備費	七	五0	場所設備及諸雜費 人夫, 任員幷
	【		‖	
仝	賞品代	一七八	三0	大會時各等賞品代及女子賞代幷
仝	彫刻費		六八	三等賞煙草匣ニ彫刻
仝	菓子及茶帶	一0	九0	副總裁致慰式用
仝	接待費	一五	三二	山監警局四回接待費
仝	運般費	一	七0	大會物品運搬費
仝	日當金	一一	00	擧旗劃唱軟箭童三日間 日當金
仝	寫眞代	一五	00	副總裁紀念寫眞代 大判三枚
仝	炭代	一	五五	大會時〇一俵代
仝	賞品匣代	一	五0	二等賞分給用匣一ヶ代及 人夫使用料幷
仝	食代	四二	二五	大會準備時任員食代三日間 任員, 擧旗, 劃唱, 軟箭童食代

京城鍾路三丁目丁廣昌紙物商業印行
(電話光化門③七四九番)
(振替口座京城二六八0三番地)

〃	徽章代 (マリ)	四八	八四	(マリ)三百個一ヶ代十六錢式 外送料算
備品費	寫眞板代		七五	副總裁紀念寫眞本會ニ 掛置ス
事業費	平當		九0	特別會員費三人分ニ對ニル 手粉料
〃	未收入	一0	00	武德亭未收

〃	未收入	一0	00	靑龍亭未收
計		三九四	三0	
差引殘金		六七	七八	二二,七八現金銀行預入 四五,00洪鍾泰保管中
昭和十四年二月廿六日				
會計理事 林昌蕃[도장]				
仝 朴永鎭[도장]				
【 ‖				
殿				

京城鐘路三丁目丁廣昌紙物商業印行
(電話光化門③七四九番)
(振替口座京城二六八0三番地)

昭和 十四年度 事業報告書

昭和 十四年度 事業報告書
五月十三, 十四, 十五日 三日間 第十三回全鮮弓道大會
를 東亞日報社後援으로 市內桃花町華水亭
에 開催한 바 大會參加人員은 男子射員 二五一
名 女子射員 五名 合計 二百五十六名이고 賞品
은 政務摠監 閣下의 銀酒煎子一ケ
學務局長 閣下의 優勝旗 一本
甘蔗總裁 閣下의 銀杯一○
高橋副總裁 閣下의 銀煙草匣三ケ
朴興植 氏로부터 金貳拾円也

右寄贈品를 受하야 一等一人 二等二人 三等三人의게
授與하고 四等四人 五等五人 六等六人 七等七人
八等拾人의게는 本會로부터 授與하얏는데
　　　受賞者氏名은 右 와 如함
一等 徐商一 氏　　　四等 金廷炫 氏
二等 李容厚 氏　　　 〃 　兪亨濬 氏
 〃 　朴敬元 氏　　　 〃 　白南國 氏
三等 金元舜 氏　　　 〃 　李柱淵 氏
 〃 　姜明化 氏
 〃 　宋中錫 氏

五等 李明洗 氏　　　七等 安興植 氏
 〃 　朱淳軫 氏　　　 〃 　金爀模 氏
 〃 　李相圭 氏　　　 〃 　孫秉奎 氏
 〃 　梁世鎭 氏　　　 〃 　韓哲熙 氏
 〃 　宋敬祚 氏　　　 〃 　方淑熙 氏
六等 李範昌 氏　　　 〃 　禹章圭 氏
 〃 　李鍾壽 氏　　　 〃 　金顯龜 氏

〃 黃福成 氏		八等 金龍培 氏	
〃 朴義孝 氏		〃 鄭淳學 氏	
〃 李時榮 氏		〃 李春成 氏	
六等 車在順 氏		八等 韓明鎬 氏	
		〃 元昌植 氏	
		〃 辛泳泰 氏	
		〃 金泳德 氏	
		〃 姜在洛 氏	
		〃 韓敬洛 氏	
		〃 申萬根 氏	
	女射員 一等 金正淑		
	二等 申春姬		
	三等 具桂月		

男射員 受賞者合計 三十八名
女射員　〃　　　　三名
經過報告 昭和十五年三日 初旬頃 咸南 咸興, 元山, 吉州,
淸津, 會寧, 茂山, 明川, 滿洲國 圖們 等地
에서 弓道會를 組織하야 體育協會加盟의 件
을 政務摠監 閣下宛에 陳情書를 提出헌 事
가 各新聞紙上에 揭載됨을 보고 成會長, 林
常務, 朴常務, 裵常務가 協議하야 朝鮮弓
道會가 率先加盟하기로 決定하고 林常務가 加

盟 申請書를 作成하야 成會長과 同伴ㅌ
總督府 學務局長 社會教育科長을 訪問하고
全課崔頭淵 氏 金東轍를 面會하야 朝鮮
弓道會 創立淵源가 弓道의 今昔을 말삼하야
申請書를 提出하고 退出하야 翌日 池副會長
具理事, 尹理事의게 其旨를 言及한 즉
皆爲贊成을 得한 後 總督府 社會科에 數次
出入하야 內容을 問議하온 즉 體育協會 理事
會에서 滿場一致로 加盟에 諒解를 得하고 仝日
三十日에 仝評議會에서 通過되여 四月四日 正式 許可되다

京城府 聯盟에도 加盟하려고 各亭 代表者를
三十二日 午後五時에 市內 唐珠町 二七 成文永

氏 宅으로 招請하온 바 出席 射亭 及 氏名은 左
와 如홈 朝鮮弓道會長 成文永 氏 副會長
池東旭 氏 黃鶴亭 林昌蕃, 西虎亭 洪鍾
泰 氏 石虎亭 姜基錫 氏 靑龍亭 裵
鎭煥 氏 韓弘錫 氏이고 射亭 名簿만은 華
水亭, 蓉湖亭인데 金東轍 氏가 參席하야
府 聯盟加入에 對하야 詳細說明
이 有하자 加盟의 件를 一致可決하고 理事五人

及女射員 賞金을 二百三十五円
任員食代　　　　五十円
印刷費　　　　　十五円
通信費　　　　　五円
雜費　　　　　　二十円
　計　　　　　三二五,00也
六日 中旬頃 各亭對抗戰을 京城ククラシト
에셔 開催하고 一團體에셔 選手 五名式
約二十ケ○를 見積하면
一團體參加十円宛 二百円

入場料每人二十錢宛 二日間 五千名 見積
一千円 新聞社及其他寄附金 一百円 見積
合計 入金 一千三百円
運動場 使用料 一百円
賞品費　　　二百円
任員及內賓午○ 一百円
雜費 貫革代　二百円
　計 六百円　差○ 七百円은 朝鮮
弓道會 維持費에 充當

朝鮮神宮奉讚大會出戰에 件은 未定

昭和十四年度朝鮮弓道會收支決算報告書				
歲入ノ部				
科目		金額		備考
款	項			
特別會員會費	昭和十四年度中	円一一五	五〇	特別會員百九名中新入員十三名ノ新入金幷
大會會員會費	仝	二九一	〇〇	大會參加會員二五六名中新入會員七十名新入金幷
贊助金	朴興植氏ヨリ	二〇	〇〇	
繰越金	前年度ヨリ	六七	七八	
預金利子	仝	一〇	〇九	
歲入合計		四九五	三七	
歲出ノ部				
科目		金額		備考
款	項			
事務費	切手及葉書代	円六	五〇	大會時地方通信費及任員宛用
仝	總會費	五	八五	總會費及年中任員會費
仝	諸紙及雜品代	五	四一	一年間使用品代
仝	備品費	六	七五	大會試記冊,萬年筆代及机褓子代
仝	消耗品費	七	二二	大會時菓子,茶及角砂糖代
事業費	印刷費	二一	五〇	大會賞狀,地方通知書,請○,會員徵收簿及申込書代
仝	賞品代	一八八	二一	大會施賞品代
仝	特別會員徽章代	四〇	〇〇	徽章二百ヶ代
事務費	役員慰勞費	一〇	六五	大會役員慰勞○代及食代
仝	電車費	七	七八	大會役員及理事戰車費
仝	自動車費	一	二〇	賞品運搬時
事業費	交際費	二四	〇〇	交際費其他
仝	手當金	七	〇〇	金興烈,趙在景ノ慰勞手當
事務費	午飯代	四三	八五	大會時全役員三日間食代及常務理事

事業費	花徽章代	六	五〇	年中事務時午飯代幷 大會會員用徽章代
仝	雜費	五	八六	大會時炭代及運搬費其他
洪鍾泰	保管金	四五	〇〇	
後期繰越金		六〇	六八	銀行預金
歲出合計		四九五	三七	

昭和十五年四月　日

　　　　常務理事兼會計　林昌蕃

右タ鑑査シタル處其正確ナルタ證ス

　　　　監事　兪億兼

　　　　仝　　鄭大熙

各位

昭和十四年度朝鮮弓道會歲入歲出豫算案

歲入ノ部

科目		金額		備考
款	項			
通常會員會費	全會員及中途入會員	一〇九	〇〇	前年度會員數ニ依ル
特別會員	一時金	一五〇	〇〇	見積
團體加入	各射亭	二〇〇	〇〇	二十ケ新團體加入見積
交附金	體育協會	一〇〇	〇〇	見積
繰越金	前年度	一〇五	六八	
歲入合計		六六四	六八	

歳出ノ部				
科目		金額		備考
款	項			
總會費	定期及臨時	二0	00	
常務理事報酬	年額	一八0	00	
印刷費	諸般印刷	八0	00	
消耗品費	文房具代及筆墨紙代	三0	00	
備品費	机一ケ倚子及房席代	五0	00	
通信費	地方	四0	00	
交際費	交際費及接待費	五0	00	
旅費	常務理事地方出張旅費	二0	00	
體育協會	負擔金	一0	00	
雜費	項目外諸雜費	一一八	一八	
積立金		六六	五0	
後期繰越金		六0	六八	
歳出合計		六六四	六八	

부록

국궁논문집 총 목차

① 국궁논문집 제1집 : 2001년
  - 유세현 | 조선시대 편전과 통아
  - 김기훈 | 육군사관학교의 국궁 활동 현황
  - 이건호 | 디지털 시대의 국궁 운용
  - 박동일 | 목궁 백일장 연구
  - 조영석 | 발디딤과 몸통의 방향 연구
  - 최석규 | 비정비팔과 전통사법
  - 정진명 | 활을 보는 몇 가지 관점
  - 이석희 | 온깍지궁사회의 틀과 뜻
  - 성낙인 | 선친, 성문영 공
  - 윤준혁 | 전라도 지역의 해방 전 활쏘기 풍속

② 국궁논문집 제2집 : 2002년
  - 이건호 | 덕유정의 사계 좌목 고찰
  - 한영국 | 덕유정의 연중 행사 고찰
  - 김신택 | 조선시대 향사당 연구
  - 박동일 | 목궁 백일장 계승 방안
  - 김용욱 | 공군 내 국궁 활성화 방안
  - 함영수 | 장호공업고등학교의 국궁부 활동
  - 정진명 | 사풍에 대한 고찰
  - 권영구 | 예천 활 제작 과정
  - 조영석 | 우리 활 구조와 형태의 이해
  - 조영석 | 우리 활 줌과 줌 쥐는 법
  - 이병국 | 자연류 궁체 갖추기
  - 최석규 | 들어당겨 짊어진 궁체 연구
  - 장창민 | 우리 활의 원리 고찰
  - 이종수 | 전남 지역의 해방 전 활쏘기 풍속
  - 석호정중수기
  - 봉덕정기

③ 국궁논문집 제3집 : 2003년
- 이건호 | 정간에 대한 설문 결과 고찰
- 정진명 | 청주 지역의 정간 고찰
- 한영국 | 덕유정의 편사 방법
- 박중보 | 활과 단전호흡
- 김용준 | 활쏘기의 마음가짐 고찰
- 정덕형 | 올바른 활쏘기 문화 정립을 위한 철학적 기초
- 이용희 | 백자철화수뉴문병에 담겨있는 우리 활의 곡선미
- 이자윤 | 소리화살과 그 원리
- 장창민 | 활과 태극
- 조영석 | 오늬 먹이기와 깍지손 쥐는 법
- 국궁사를 찾아서: 육일정과 남극재의 사계 좌목
- 반구정기
- 애기살복원방안
- 박경규 | 충남지역의 해방 전 활쏘기 풍속

④ 국궁논문집 제4집 : 2005년
- 정진명 | 국궁의 3대 장애 비판
- 한영국 | 호남칠정의 제례 고찰
- 윤백일 | 군산 진남정의 어제와 오늘
- 이자윤 | 국궁문화 계승을 위한 시지 제작
- 박중보 | 단전호흡에 대한 일반적 이해
- 정진명 | 노자와 활 I
- 최병영 | 활과 해부학
- 조영석 | 중심점 형성과 이동
- 성순경 | 국제 민속 활 축제 참가기
- 정진명 | 전통의 여운, 마사법
- 이건호 | 궁술종합목록
- 이상엽 대담 | 개성 지역의 해방 전 활쏘기 풍속

⑤ 국궁논문집 제5집 : 2006년
- 김기훈 | 관덕의 원형을 찾아서
- 이태호 | 정간의 허상과 실체
- 한영국 | 호남칠정궁술경기회와 가입 정에 관한 고찰
- 조영석 | 발시 과정에서 줌손의 이동과 깍지손의 이동
- 이자윤 | 『조선의 궁술』 사법토론
- 이태호 | 심담십사요의 재해석 1
- 정진명 | 활터와 태껸
- 진경표 | 기사법을 위한 몇 가지 단상
- 박현우 | 초기 활의 설계 방식과 제작 방법
- 백남진 | 충남지역의 해방 전 활쏘기 풍속 2

⑥ 국궁논문집 제6집 : 2007년
- 이건호 | 조선궁술연구회 창립 연도 고찰
- 정진명 | 국궁사 시대 구분론
- 김 집 | 태극기와 정간
- 유세현 | 죽시의 변천에 관한 소고
- 장창민 | 각궁삼삼이의 구조와 원리 고찰
- 김기훈 | 세계 민족궁 축전 및 세미나의 성과와 문제점
- 조영석 | 비정비팔 흉허복실의 이해와 응용
- 박현우 | 고대 활의 설계방식과 제작방법
- 한영국 | 정읍 필야정 사계 좌목 발굴기
- 윤백일 | 필야정의 사계안 좌목 선생안 해의
- 정진명 | 인천지역의 편사놀이
- 박현우 | 독일 하늘에 쏘아올린 한국 활
- 관덕정서
- 이정천 | 고양 지역의 해방 전 활쏘기 풍속

⑦ 국궁논문집 제7집 : 2009년
- 김세현 | 정사론 소고
- 이건호 | 근대 신문에 나타난 활쏘기의 흐름
- 이자윤 | 『조선의 궁술』과 현대 활쏘기

- 성낙인 | 황학정과 서울편사
- 류근원 | 전통 사법을 찾아서
- 정진명 | 전통 사법의 경락 운용
- 김상일 | 호흡과 발디딤 방향, 지사와의 상관관계
- 이건호 | 한일 문화(활쏘기-궁도) 교류기
- 정진명 | 온깍지궁사회 7년

⑧ 국궁논문집 제8집 : 2013년
- 김기훈 | 「황학정 사계규정」의 내용과 그 역사적 의의
- 이자윤 | 초기 자료로 본 <조선궁도회>
- 이건호 | 1941년 전조선궁도대회 고찰
- 윤백일 | 운로 성문영 관련 유묵 3편 고찰
- 정진명 | 자필 이력서로 본 성문영 공
- 정선우 | 터키 이스탄불의 활쏘기 유물
- 류근원 | 각궁에 대하여
- 박문규 대담 | 충남지역의 활쏘기 풍속

⑨ 국궁논문집 9 : 2016년
- 이건호 | 전통 활쏘기의 편사(便射) 음악 고찰
- 장창민 | 정간 논쟁 고찰
- 류근원 | 활터의 평등한 호칭, 접장
- 박순선 | 멍에팔 고찰
- 김상일 | 서울 지역 활터와 궁사에 대한 현황 개관
- 이헌정 | 근대 일본 궁도에 대한 고찰
- 정진명 | 성순경 명무와 칼 자이링거
- 류근원 | 몸 안과 몸 밖
- 정진명 | 『조선의 궁술』을 공부하는 분들께 드리는 몇 가지 질문
- 이태엽 | 황해도 지역의 해방 전 활쏘기 풍속

⑩ 국궁논문집 10 : 2018년
- 이건호 | 육량전 소고
- 정진명 | 조선궁도회의 회비징수부 3건 고찰

- 김성인 | 육예 중 사의 구성요소와 의미
- 김기훈 | 편사의 국궁사적 의의와 과제
- 여영애 | 인천전통편사놀이 연희과정
- 박순선 | 자료를 통해 살펴보는 인천전통편사
- 정재성 | 인천 편사놀이의 전통성 검토
- 정진명 | 단체전 띠에 남은 서울편사의 자취
- 김상일 | 국궁포럼(KAF)의 출범에 대한 소고
- 정진명 | 국궁포럼 2017 편사 세미나
- 강중원 | 사말 강중원의 국궁 수련기
- 류근원 | 나의 활 수련 방법
- 김영호 | 입·승단 제도의 발전 과제
- 이헌정 | 일본 궁도 만화 「세이부고교 아오조라 궁도부」 일고찰
- 정진명 | 전통 사법 논쟁의 두 축

⑪ 국궁논문집 11 : 2019년
- 윤백일 | 고부(古阜) 군자정(君子亭) 답가기
- 정진명 | 1941년 전조선궁도대회 문서 2건 고찰
- 김기훈 | 조선조 연사례의 시행과 운영
- 장동열 | 『계림유사』의 '射曰活索' 고
- 김성인 | 김수정의 교지에 나타난 육량전 연구
- 박순선 | 인천전통편사의 실제와 계승 방안
- 정진명 | 활터의 정치화와 세속화
- 정진명 | 국궁 세계화의 현실과 과제
- 김정래 | 유럽 활쏘기 동향
- 김소라 | 아일랜드 활쏘기 대회 참가기
- 김정래 | 유럽 3D 아처리 토너먼트 소개
- 이헌정 | 일본인 대학생 궁도부원의 한국 활 체험
- 김현진 | 사말의 국궁체험기

온깍지총서⑨
국궁논문집 12

2021년 1월 20일 초판 1쇄 발행

엮은이 온깍지학회(http://cafe.daum.net/ongakzy)
펴낸이 도서출판 고두미
       등록 2001년 5월 22일(제2001-000011호)
       충북 청주시 상당구 꽃산서로8번길 90
       Tel. 043-257-2224 / Fax.070-7016-0823
       E-mail : godumi@naver.com

ISBN 979-11-91306-02-6 03380
ISSN 1975-0331

※ 잘못 된 책은 구입한 곳에서 바꾸어 드립니다.
※ 책값은 뒤표지에 표시하였습니다.